Lutz E. Dreesbach

Die kleinen Seitensprünge großer Unternehmen

Töchter, über die man nur selten spricht

Erb Verlag

2. Auflage 1983

Umschlagentwurf: Eri Krippner
Gesamtherstellung: Ebner Ulm
Printed in Germany 1983
ISBN 3-88458-059-0

CIP-Kurztitelaufnahme der Deutschen Bibliothek

Dreesbach, Lutz E.:
Die kleinen Seitensprünge großer Unternehmen:
Töchter, über d. man nur selten spricht / Lutz E.
Dreesbach. – Düsseldorf: Erb, 1983.
ISBN 3-88458-059-0

INHALT

Vorwort

Seitensprünge, nicht nur die kleinen, sondern gerade die großen, hält man gerne geheim. Es muß ja nicht jedermann wissen, was man sich abseits des normalen Lebens leistet – die Ehefrau nicht, welche Wege man außerhalb des familiären Kreises geht, die Konkurrenz nicht, in welchen unternehmerischen Bereichen man sich sonst noch tummelt. Es könnte einem ja ein schiefer Blick zugeworfen werden, man könnte ins Gerede geraten. Seitensprünge gehören zum Leben, aber man spricht nicht immer gerne darüber.

Indes: ›Die kleinen Seitensprünge großer Unternehmen‹ werden nicht immer mit der Geheimhaltung seelisch-erotischer Seitensprünge umgeben. Manche großen Konzerne, die ihren Umsatz in zweistelligen Milliarden- und ihren Gewinn wenigstens in dreistelligen Millionengrößen messen, bekennen sich nicht ohne Stolz zu solchen unternehmerischen Seitensprüngen. Sie bekennen sich dazu, weil sie es sich leisten können – wenigstens so lange, wie es dem Mutterhaus gut geht. Sie bekennen sich dazu, weil es schick ist, als Elektrizitätsversorgungsunternehmen so etwas Idyllisches wie eine Karpfenzucht oder als Autoproduzent eine Rinderfarm zu unterhalten. »Kleinvieh«, heißt das alte Sprichwort, »macht auch Mist.« – Und beim VW-Konzern machen in Brasilien sogar ausgewachsene Großrinder Mist, der sich zumindest noch nicht positiv in der Konzernrechnung niederschlägt. Solange die Seitensprünge den Hauch der Idylle oder die nüchterne Zweckbestimmung des ›money making‹ haben, solange sie den Konzern nicht belasten, sondern ihm im Gegenteil noch zusätzliche Revenuen zuführen – solange werden Unternehmer, Manager und Aufsichtsräte die Seitensprünge hinnehmen, goutieren, sie vielleicht sogar fördern.

Das wären gewissermaßen die Idealfälle unternehmerischer Seitensprünge. Nicht immer geht es aber so ideal zu. Denn zwei Probleme liegen in der Wiege des unternehmerischen Seitensprungs: Mitunter kommt das Mutterhaus zu seinem Seitensprung wie die Jungfrau zum Kind, muß mit dem angenommenen Kind leben und auskommen. Und dann hat der Seitensprung ja keinen Selbstzweck: Da ist ein kleines Unternehmen, das etwas produziert oder dienstleistet, und dieses Angebot muß vermarktet werden. Gewiß, Karpfen aus hauseigener Zucht ließen sich spätestens ab Dezember auf den Speisezettel der Betriebsküche setzen, und mit gut portionierten brasilianischen Rinderhälften könnte man auch eine 100000-Mann-Belegschaft verköstigen. Jedoch werden Karpfen und Kühe selbstverständlich nicht gezüchtet, um in die Kantinentöpfe zu wandern. Aber – die Seitensprünge produzieren mitunter so nützliche Dinge wie der Ostblock sie in Kompensationsgeschäften anbietet. Da sitzt der Automobilhersteller plötzlich auf Tausenden von Tomatenmarkbüchsen, der Produzent chemischer Großanlagen auf grobgewirkten Damenstrümpfen mit Nähten im Zwickel, und die international operierende Großbank muß rumänischen Süßwein vermarkten. Das alles ist nicht denkbar? Na, dann sehen Sie sich einmal das Inhaltsverzeichnis dieses Buches an und zählen Sie die unternehmerischen Seitensprünge der großen Konzerne zusammen. Etwas Ähnliches werden Sie dort immer finden.

Lutz E. Dreesbach hat mit Liebe Geschäftsberichte durchforstet und fast schon detektivische Nachforschungen angestellt, um solchen Seitensprüngen auf die Spur zu kommen. Nicht immer standen ihm die ›zur Seite Gesprungenen‹ dabei hilfreich zur Seite. Es gab auch Fälle, da wollte man eher verschleiern als decouvrieren. So etwas soll bekanntlich bei Seitensprüngen vorkommen. Deshalb kann in diesem Buch ebenso wenig über die Weingut-Aktivitäten des Offenburger Verlegers Franz Burda berichtet werden wie über die Hotel-Engagements des Nürnberger Unterhaltungselektronik-Papstes Max Grundig. Aber Dreesbach ist gelernter Journalist, der sich in knapp zehn Jahren Tätigkeit bei Deutschlands einziger Wirtschaftstageszeitung den Blick für die Kuriositäten unseres Lebens bewahrt hat. Manches von dem, was er entdeckte, rührt seltsam an, manches ist selbstverständlich. Denn warum soll die Sektkellerei Henkell & Co. nicht an Deutschlands größter Rheinflotte beteiligt sein, wo ohnedies die Loreley von jedem Ausländer auf den weißen Schiffen mit einem Glas Schampus begrüßt wird? Warum soll die Allgäuer Alpenmilch nicht den ›Goldenen Oktober‹ vermarkten, also Wein neben der Büchsenmilch? Warum sollen Energiekonzerne nicht Hotels betreiben, wo Manager doch ohnedies gern und oft reisen?

Im Jahresbericht der Interfinanz GmbH von 1978 wurde ihrer, der ›kleinen Seitensprünge‹, schon einmal gedacht. »Meistens«, hieß es dort, »hat man sie geerbt. Solange der Konzern volle Kraft fährt, hört man so gut wie nichts über sie. Für den Aufsichtsrat sind sie Erinnerungsposten. Für den Vorstand gelegentlich ein Anlaß, eine alte Tante, die in der Nähe wohnt, zu besuchen. Der

Wirtschaftsprüfer macht eine Bilanz zusätzlich. Man kann unruhige Leute dorthin abschieben.«

Aber wenn es dann eines Tages – und die Vorstellung ist ja durchaus aktuell – nicht mehr so klaglos geht mit der ›kleinen Tochter‹, dann ›stürzt sich alles auf sie‹. Und dann wird sie nach allen Regeln hoher Konzernkunst auseinandergenommen, bis sie schließlich wieder auf Vordermann gebracht ist. Denn bei aller Liebe: Unternehmerische Seitensprünge dürfen nicht zur Last werden, die kleinen Töchter müssen funktionieren. »Auch Konzerne haben ihre Idylle«, befand 1978 die Interfinanz. »Das hat Opa Marx nicht vorhersehen können.«

Lutz E. Dreesbach stellt den kleinen Seitensprüngen keine Prognose, er arbeitet nicht ihr Horoskop in Aszendenz zum Mutterhaus aus. Er registriert, sammelt Details, stellt Bezüge her, die vielleicht von den großen Konzernbossen bisher selbst so nicht gesehen wurden. Er ist Journalist – und deshalb ist sein Buch eine im besten Sinne journalistische Arbeit. Aber so, wie der Konzernchef zwei Tage nach der Bilanz-Pressekonferenz in die Zeitung schaut, um zu sehen, wie sein Abschluß diesmal angekommen ist – Theaterleute sollen angeblich ebenso gespannt auf die Kritik vom nächsten Morgen warten –, so aufmerksam sollten die Bosse studieren, was Dreesbach über ihre kleinen Seitensprünge zusammengetragen hat. Seitensprünge sind, rufen wir uns das in Erinnerung, nur menschlich.

DIETRICH ZWÄTZ

Wo Nelore muht und muht und muht . . .

Volkswagenwerk AG

»Ein Volkswagen darf kein Kleinwagen mit auf Kosten seiner Fahreigenschaften und Lebensdauer verringerten Abmessungen, aber verhältnismäßig hohem Gewicht sein, sondern vielmehr ein Gebrauchswagen mit normalen Abmessungen, aber verhältnismäßig geringem Gewicht, was durch grundlegend neue Maßnahmen zu erzielen wäre.« Dies ist nur eine der Anforderungen an einen Volkswagen, die Dr. Ferdinand Porsche 1934 zu Papier brachte – zwei Jahre später starteten drei Prototypen zu einem Großversuch über je 50000 Kilometer, wieder zwei Jahre später war die Volkswagen GmbH mit Sitz in Berlin geboren.

Heute stellen rund 240000 Mitarbeiter des Volkswagen-Konzerns an jedem Arbeitstag etwa 10000 Autos her – in Europa, Nord- und Lateinamerika und in Afrika. Zu den wichtigsten Produktionsgesellschaften im Ausland zählt Volkswagen do Brasil. Die Manager dieses Unternehmens, das am 23. März 1953 in einem Mietschuppen des Industrieviertels Ipiranga in Sao Paulo zur Welt kam, brauchen sich um den Absatz eines Modells keinerlei Sorgen zu machen: Nicht Golf und nicht Passat, sondern ›Nelore‹ heißt der Renner, der auf der VW-eigenen Rinderfarm muht anstatt hupt.

Rund 2200 Kilometer von den Produktionshallen der Volkswagen do Brasil in Sao Bernardo do Campo, rund 900 Kilometer von der Hauptstadt Brasilia entfernt, liegt die Gemeinde Santana do Araguaia. Hier im Amazonasgebiet, das 18 mal größer als die Bundesrepublik Deutschland ist und eine ›Bevölkerungsdünne‹ von zwei Einwohnern pro Quadratkilometer aufweist, bekommt die Welt Schritt für Schritt ein hoffnungsvolleres Gesicht.

In diese ›amazonische Leere‹, die um so leerer wird, wenn man die Zusammenballung der meisten Menschen in den Großstädten berücksichtigt, hat die Gesellschaft ›Vale do Rio Cristalino – Agropecuaria, Comercio e Industria‹ Leben gehaucht: Sie verwirklicht hier ein fast beispielloses land- und viehwirtschaftliches Projekt, das Mitte der 80er Jahre vollendet sein soll, sprich die ›VW Rinderfarm‹. Denn ›Volkswagen do Brasil‹ ist mit 67,3 Prozent am Grundkapital der 1973 gegründeten Gesellschaft beteiligt, ein Engagement, das im transnationalen Unternehmenskonzept eine Ausnahme bleiben wird.

Die Farm, die eine Gesamtfläche von 140000 Hektar aufweist, wird nach Vollendung der mühsamen Arbeiten eine ständige Herde von mehr als 100000 Rindern auf einer Weidefläche von 54000 Hektar zählen. Nach rund zehnjähriger Urbarmachung des nahezu undurchdringlichen Waldgebietes geht hier eine der fortschrittlichsten Farmen Brasiliens ihrer Vollendung entgegen, die bereits heute auf Grund ihrer Forschungen und Versuche das Interesse von Wissenschaftlern, Agrarexperten und Umweltforschern aus aller Welt anzieht.

Mit Begeisterung erzählen ihnen heute die Männer der ersten Stunde, wie sie es vor einem Jahrzehnt geschafft haben, über schmale Schneisen, die sie in den Urwald hieben, den Ursprung der heutigen Einrichtungen zu erreichen. Nachdem sie zunächst eine 22 Kilometer lange Straße gebaut hatten, errichteten sie eine Start- und Landebahn, um die Versorgung über den Luftweg sicherzustellen. Als das Flugplatzprovisorium durch heftige Regenfälle einmal allzu stark in Mitleidenschaft gezogen worden war, mußte ein Teil der Arbeiter mit aus den Flugzeugen abgeworfenen Lebensmitteln versorgt werden.

Die ersten Jahre blieben schwere Jahre. So wurden 1974 und 1975 fast 9000 Hektar Wald geschlagen – mit der Axt. Viele der 900 Arbeiter erkrankten oft an Malaria und verbrauchten den ganzen Vorrat an Chinin. Mit den Jahren besserte sich die Situation, wurde die Axt durch die Motorsäge ersetzt, konnten die Erkrankungen durch Präventivbehandlungen erfolgreich bekämpft werden.

Am Anfang ihrer Aktivitäten mußte sich die Gesellschaft ›Vale do Rio Cristalino‹ sogar um die Papiere ihrer Arbeiter kümmern, was eine Stunde Flug zur Ausstellung des erforderlichen Arbeitsbuches bei der zuständigen Behörde bedeutete. Die VW-Fazenda war auch das erste Unternehmen, das hier im landwirtschaftlichen Bereich des brailianischen Bundesstaates Para interne Unfallverhütungskommissionen aufbaute. Ergebnis: Die Zahl der Arbeitsunfälle beschränkte sich auf gelegentliche Stürze vom Pferd.

Verständlich, daß sich die Personalverwaltung eines derartigen Urwaldbetriebes vor nicht alltägliche Probleme gestellt sieht, zum Beispiel das unrechtmäßige Zusammenleben männlicher und weiblicher Arbeitskräfte. 1977 wurden der Friedensrichter und der Notar aus Santana do Araguaia ins Lager zitiert: Die Sammelhochzeit legalisierte 30 bislang wilde Farmehen. Die erforderliche Infrastruktur für die mittlerweile heimisch gewordenen Nomaden von einst steht. Feste Häuser, eine modern ausgestattete Schule, ein Hospital und elektrische Energie seien hier stellvertretend für viele andere Ergebnisse einer zivilisierten Welt genannt.

Die Fazenda ist kein Einödhof, sondern ein perfekt organisierter Vorposten zur Aktivierung bisher ungenutzter Chancen in einem Land, das es sich nicht leisten kann, Chancen zu verpassen. Und ob diese Chancen nun auf den Weltmärkten mit traditionellen Rohstofflieferungen und modernen Industrieprodukten von Brasilien wahrgenommen werden oder im Bemühen, mehr Fleisch zu beschaffen – das Land braucht dazu wirtschaftlich starke Partner. »Und verläßliche, die sich ihrer Mitverantwortung dem einzelnen und der Gemeinschaft gegenüber bewußt sind«, steht es bei VW in den Leitsätzen der Unternehmenspolitik festgeschrieben.

Mehr Fleisch zu beschaffen heißt das Ziel. Noch sind die kleinen, knochigen Nelore-Rinder mit ihren schmalen Köpfen ausschließlich mit dem Kampf ums Überleben in den Tropen beschäftigt. Sie reifen nur spät und erreichen erst nach fünf Jahren annähernd ein Schlachtgewicht. Dieser Vergleich spricht Bände: Sind in Mitteleuropa 14 Stück Rindvieh nötig, um eine Tonne Fleisch jährlich zu produzieren, so sind in Brasilien für den gleichen Ertrag 52 Tiere erforderlich.

Das soll anders werden. Mit Hilfe der Computerzentrale von VW do Brasil in Sao Bernardo do Campo will die Farm die Zucht eigener Stiere und Muttertiere der Nelore-Rasse erreichen, die in jeder Hinsicht die besten in dieser Region sein sollen. Dieses Vorhaben wird von der Eidgenössischen Technischen Hochschule Zürich betreut. Der Computer tritt in Aktion, um nach Deckungen der Tiere alle ermittelten Ergebnisse aufzunehmen und auf Grund der Vererbungsprinzipien die besten weiblichen und männlichen Tiere für weitere Züchtungen auszuwählen. So wird allmählich ein eigener Zuchtstand mit einer genetischen Überlegenheit geschaffen. Die ersten praktischen Ergebnisse sind nach vier Jahren erkennbar. Diese Zeit ist notwendig, um eine Generation verfolgen zu können – von der Befruchtung einer Kuh bis zur Waage des Schlachthofes.

Wissenschaftler an der Tierärztlichen Hochschule in Hannover forschen bereits seit einigen Jahren nach Möglichkeiten, tropenfeste Rinder heranzukreuzen, die wie europäische Arten schon nach 15

Monaten oder zwei Jahren hohe Leistungen erbringen. Ein neuer Großversuch findet derzeit mit der VW-Farm statt. 500 Muttertiere vom Rio Cristalino wurden in fünf Gruppen aufgeteilt und erhielten den Samen von fünf verschiedenen Stierrassen. Sechs Stiere jeder Rasse blieben vorher 15 Tage in einer Klimakammer. Anschließend wurden ihre Qualitäten ermittelt, um nach Beendigung des Versuches feststellen zu können, ob ihre Nachkommen mehr oder weniger tropenfest sein werden.

Die 340 Kälber, die aus diesem ersten Test hervorgegangen sind, werden bei ständigen Gesundheits- und Gewichtskontrollen in wenigen Jahren vielleicht schon Auskunft darüber geben, ob von den brasilianischen Rinderherden bald mehr Fleisch erwartet werden kann. Durch Phosphatdüngung und den Anbau verschiedener, mit Flugzeugen ausgesäter Grassorten wollen die Fachleute am Amazonas auch dafür sorgen, daß die VW-Rinder möglichst viel guten ›Treibstoff‹ finden.

Doch die Farm, die bis Ende der achtziger Jahre mehr als 70 Millionen Mark verschlungen haben wird, hat nicht nur ›grasgetriebene Modelle‹ der Marke Nelore zu bieten, um deren Absatz sich die Manager keine Gedanken zu machen brauchen: Als eine der wenigen landwirtschaftlichen Unternehmen Brasiliens ist sie im Besitz einer kompletten meteorologischen Station, die als technischer Ausgangspunkt für fast alle Tätigkeiten dort betrachtet wird. Die elektrisch betriebene Station verfügt über Regenschreiber und Meßgeräte für Temperatur, Luftfeuchtigkeit und Luftdruck. Täglich werden Zeichnungen erstellt, mit deren Hilfe das Feuchtigkeitsdefizit zwischen Regen- und Trockenzeit errechnet, die monatlichen Regenwerte bestimmt und der Beginn der Regenzeit vorausgesehen werden, was dann schließlich das Pflanzungsprogramm beeinflußt. Die meteorologische Station erleichtert auch das Heuen und liefert außerdem allgemeine Informationswerte über das Amazonas-Gebiet. Diese Feststellungen stehen den Viehzüchtern der gesamten Region zur Verfügung.

Die Probleme, die der Transport lebender Tiere über rund 1000 Straßenkilometer in die nächstgelegenen Schlachthöfe mit sich gebracht hätten, wurden auch mit Hilfe des Automobilkonzerns gelöst. Parallel zu der ›Dschungeltochter in der grünen Hölle‹ beteiligte sich VW do Brasil am Aufbau eines Schlachtbetriebes, der 70 Kilometer vom Sitz der Gesellschaft Vale do Rio Cristalino entfernt entstanden ist. Als größtes Vorhaben dieser Art im Amazonasgebiet ist dieses Unternehmen Atlas Frigorifico S.A., an dem

VW elf Prozent der Anteile hält, ein Gemeinschaftsvorhaben von 20 großen Firmen. Dieses erste große Industrieprojekt im Süden des Bundesstaates Para wurde im Oktober 1982 in Betrieb genommen. Weitere industrielle Anlagen zur Verarbeitung von Rindfleisch (zum Beispiel eine Konservenfabrik) sowie eine Gerberei werden später hinzukommen.

Die Kapazität des Schlachthofes einschließlich Kühlanlage ist auf 190000 Rinder pro Jahr ausgelegt. Das 200-Millionen-Mark-Projekt arbeitet jedoch nicht nur für die Farmen seiner Aktionäre. Im Umkreis von etwa 200 Kilometer stehen rund 700000 Rinder auf den Weiden, deren Verwendung durch die weiten Transportwege erschwert sind. So wird die gesamte Viehwirtschaft selbst der Nachbarstaaten von Para von dem Unternehmen, das etwa 700 Arbeitsplätze in dieser Region schafft, profitieren.

Durch die wirtschaftlichen Aktivitäten ist es nur eine Frage der Zeit, wann sich das Campo Alegre von einst zu einer der wichtigsten Städte in dieser Großregion entwickelt haben wird. Hier hat die Atlas Frigorifico zum Beispiel auch ein Hotel errichtet, das als Treffpunkt und Handelsort für die Viehzüchter der Umgebung dient. Mit 24 Appartements, Schwimmbad und Bar sowie einem Restaurant ist das Atlas-Hotel auch Sitz verschiedener hier im Aufbau befindlicher Projekte geworden.

Das Unternehmen Rinderfarm am Rio Cristalino betrachtet VW do Brasil als eine notwendige Investition. »Denn nur eine sichere Zukunft der Brasilianer gewährleistet auch eine Zukunft für Volkswagen in Brasilien«, lautet die Erklärung. Um den Absatz des Typs Nelore brauchen sich die Manager freilich keine Sorgen zu machen, denn der Markt nimmt das ausgefallene Konzernprodukt in unbegrenzter Stückzahl auf. Davon können die Passat- und Golf-Verkäufer nur träumen.

Eine Weinkellerei zum Wohle der Aniliner

BASF-Gruppe

Sie produziert Kunststoffe und Düngemittel, Chemikalien und Farbstoffe, Informationssysteme und Pharmazeutika: Mit weltweit rund 115 000 Mitarbeitern und einem Umsatz von knapp 35 Milliarden Mark zählt die BASF-Gruppe zu den Riesen der Chemie-Industrie. Kernstück des Konzerns ist das Werk Ludwigshafen mit einer Fläche von 6,27 Quadratkilometern, auf der sich rund 1600 Gebäude einschließlich Betriebsanlagen befinden. Von den hier ca. 50 000 Beschäftigten arbeiten etwa 30 ›unter Tage‹: Ihr Arbeitsplatz ist die BASF-Kellerei, auf deren mehr als 400 verschiedene Weine zählendes Sortiment nicht nur Werksangehörige zurückgreifen können.

»Wir gingen zum Essen hinüber in den Roten Salon, der neben einer der fünf praktisch im Palais verteilten Teeküchen liegt. Ich sah die Menükarte mit dem erhaben geprägten Bundesadler an: Hausgebeizter Lachs, Kalbsfilet Milanese, Salat, Käseplatte, Orangensalat. Als Weine Thüngersheimer Ravensburg Müller-Thurgau 1979 und einen Bordeaux: Château Larmande 1976. ›Wie kommen Sie zu den deutschen Weißweinen?‹ – ›Wir kaufen sie bei der Badischen Anilin- und Soda-Fabrik in Ludwigshafen. In der Anilinstraße‹, erklärte mein Gastgeber.« (Auszug aus einem Beitrag von Georg Lentz im Zeitmagazin Nr. 5/83 über das Palais Beauharnais in Paris, in dem der Botschafter der Bundesrepublik Deutschland, Otto Axel Herbst, residiert.)

Der Blick auf die Etiketten der Weinflaschen, deren Inhalt dort im Ludwigshafener ›Gesellschaftshaus‹ die fröhliche Runde in Stimmung hält, verdutzt den seltenen Gast an diesem Stammtisch: ›Abfüller Kellerei der BASF Ludwigshafen‹ lautet die Zeile, die für Verwunderung sorgt. Aufklärung tut not – für die redseligen ›Aniliner‹, mit dem Unternehmen seit Jahrzehnten auf du und du, kein Problem.

Die Geschichte der Kellerei, so erzählen sie, geht auf das Jahr

1901 zurück. 7000 Menschen verdienen ihre Brötchen bei BASF, die ihnen mit einer Reihe neuer Sozialeinrichtungen das Leben in der schnell wachsenden Stadt Ludwigshafen angenehmer gestaltet, sei es mit Werkswohnungen, sei es mit einem vielseitigen Kulturangebot. Nicht zu vergessen sind in diesem Zusammenhang die ersten Einrichtungen, die vorzugsweise der Geselligkeit der Mitarbeiter dienen, wie zum Beispiel das 1900 eröffnete Gesellschaftshaus, das heute von einem Teil der rund 50000 in dieser Stadt beschäftigten Aniliner als Kasino genutzt wird.

In die Reihe dieser Angebote ist auch die BASF-Kellerei zu zählen. Nicht, daß sich ausgerechnet die Pfälzer zuvor nicht anderweitig den Rebensaft verschafft hätten – aber gerade weil sie anspruchsvolle Weintrinker waren und heute noch sind, fanden sie nicht immer und überall ihre Ansprüche befriedigt. Und als sie immer wieder feststellten, daß die im Gesellschaftshaus der BASF geführten Weine außergewöhnlich gut ausgewählt, gepflegt und vor allem noch preiswert waren, ist es nur allzu verständlich, daß die zufriedenen Gäste hier auch ihren häuslichen Bedarf zu decken suchten. So entwickelte sich aus den persönlichen Beziehungen zwischen anspruchsvollen Weinfreunden und fachkundigen Werksgastronomen bereits ein Jahr nach der Eröffnung des Gesellschaftshauses eben hier eine Abgabestelle für Wein, aber auch für Spirituosen und Tabakwaren.

Schnell fand diese Aktivität des Chemiegiganten wachsenden Zuspruch. Diese Tatsache wiederum beflügelte die Mitarbeiter der Kellerei zu immer wieder neuen Leistungen. So konnte die Kellerei im Jahre 1908 schon auf ein solch vielfältiges Angebot verweisen, daß sich die erste gedruckte Weinpreisliste lohnte. Sie verzeichnete 21 Pfalz-, zehn Mosel-, sieben Rhein- und ein paar Rotweine.

Nach den Jahren der Inflation – 1923 kostete zum Beispiel eine Flasche Dürkheimer Michelsberg 490 Milliarden Mark – begann für die Kellerei eine erfreuliche Aufwärtsentwicklung. Im letzten Jahr vor dem Zweiten Weltkrieg kletterte der Absatz bereits auf 385000 Flaschen, ehe der Krieg das Geschäft stark beeinflußte. Die Rebflächen wurden stark verringert, der Wein bewirtschaftet. In den ersten Jahren des Wiederaufbaus kam der Weinkonsum nicht zuletzt auch wegen des chronischen Geldmangels bei der Bevölkerung nur langsam wieder in Schwung. So konnten 1949 nur 100000 Flaschen verkauft werden. Zwei Jahre danach aber präsentierte das Kellerei-Management erneut stolze Zahlen: Der Umsatz hatte sich bereits wieder vervierfacht.

In den letzten 20, 30 Jahren hat diese Einrichtung der BASF ihren guten Ruf immer weiter ausgebaut. So wurden nicht nur Qualität und Pflege der angebotenen Tropfen sowie deren Preiswürdigkeit von immer mehr Weinfreunden anerkannt – auch der Dienst am Kunden mit einer Reihe nicht alltäglicher Serviceleistungen drückte sich letztlich positiv in der Bilanz aus.

Heute werden jährlich rund 1,5 Millionen Flaschen Wein von der BASF-Kellerei verkauft. Etwa ein Drittel davon ziehen die Abnehmer – und nicht nur Aniliner – selbst aus den Regalen der Kellerei-Verkaufsstelle in Ludwigshafen, in der fachlich geschulte Weinberater dem Kunden behilflich sind. Eine weitaus größere Menge wird auf Bestellung verschickt – sei es zum Mitarbeiter ein paar Straßen weiter, an anderen bundesdeutschen Standorten oder per Schiff oder Flugzeug in 45 Länder weltweit, wo Konzernunternehmen, durstende Geschäftsfreunde oder auch deutsche Botschaften auf einen guten Tropfen aus der Heimat warten. Hinzu kommt die Versorgung der Restaurationsbetriebe, der Erholungsheime und der Werksküchen. Zusammen mit weiteren 500 000 Flaschen Schaumweinen, Spirituosen und alkoholfreien Getränken erzielte die Kellerei mit ihren knapp 30 Mitarbeitern in den letzten Jahren einen Umsatz von rund zehn Millionen Mark und schreibt dabei schwarze Zahlen. »Das wird auch so gewünscht«, heißt es dazu in Ludwigshafen.

Um die Kunden vor Überraschungen zu bewahren, erteilt ihnen die Kellerei in der mehr als 400 verschiedene Weine aus fast allen Anbaugebieten der Bundesrepublik und zahlreichen ausländischen Regionen zählenden Preisliste immer wieder fachliche Ratschläge. So unterrichten die BASF-Experten mal über Weißherbst, mal über Bordeaux-Weine. Ein weiterer Service sind die aus fünf oder zehn verschiedenen Flaschen bestehenden Weinprobensortimente, die die Auswahl aus dem Gesamtsortiment erleichtern sollen. Öffentliche Weinproben zum Beispiel im Gesellschaftshaus bieten weitere Möglichkeiten, sich ein eigenes Bild von den offerierten Kreszenzen zu machen.

Der Einkauf des Weines ist die wohl wichtigste Funktion der Kellereifachleute. Nicht billig, sondern preiswert soll das Getränk sein. Dies immer sicherzustellen ist gar nicht so einfach und bedarf schon einiger Kenntnisse und einigen Aufwands. Zwar weist das geltende Weingesetz gegenüber früheren Werken mehr offizielle Kennzeichnungen aus, die beim Einkauf eine wichtige Stütze sind – den traditionellen Anforderungen der BASF-Kellerei aber genügen sie nicht.

Zunächst einmal prüfen vier Fachleute den Wein mit Zunge und Gaumen, wobei ihr reicher Erfahrungsschatz der wichtigste Maßstab ist. Dann kommen die Chemiker an die Reihe. Im Labor der Kellerei wird der Wein auf seine qualitätsbestimmenden Inhaltsstoffe wie Extrakte, Alkohol oder Restzucker und deren Mengenverhältnis genauestens untersucht. Werden die Mindestanforderungen der BASF nicht erfüllt, so scheidet ein Wein auch dann aus, wenn er den Verkostern, die jährlich weit mehr als 1000 Proben unter die Geschmackslupe nehmen, geschmeckt hat.

Aber selbst nach dieser zweiten Hürde wird ein Wein noch nicht in größeren Mengen eingekauft. Vorher muß er noch die Kritik einer Kommission über sich ergehen lassen, in der nur Weinfreunde sitzen, die nicht der Kellerei angehören. Von ihnen erwartet man ein Urteil, das stellvertretend für die späteren Kunden abgegeben wird. Die meist jahrelange Zugehörigkeit dieser Weinkenner zu dieser Kommission stellt vergleichbare Wertungen sicher und läßt dem Zufall bei der Beurteilung praktisch keine Chance. Übrigens haben nur Qualitätsweine eine Chance, in das Sortiment aufgenommen zu werden. Die vom Gesetzgeber als Tafelweine in die unterste Qualitätsstufe placierten Weine sind grundsätzlich nicht in den Kellern der BASF in Ludwigshafen zu finden.

Obwohl diese Einrichtungen nicht in Fels gehauen sind, ist das Klima sehr ähnlich: Fast genau gleichmäßig 12 Grad Celsius für Weißweine und etwa 18 Grad Celsius für Rotweine. Zwei Stockwerke unter Tage befinden sich seit nunmehr drei Jahrzehnten im Bereich des Gesellschaftshauses die 4000 Quadratmeter großen Kellerräume. Etwa die Hälfte der von mehr als 100 Weingütern eingekauften Weine kommt in Fässern, die andere Hälfte als Erzeugerabfüllung in Flaschen. Rund zwei Millionen Flaschen sind es übrigens, die hier in den geräumigen Kellern ständig lagern, also mehr als ein Jahresbedarf. Was den Faßwein betrifft, so wird dieser zum Teil in 2500 Liter fassende Holzfässer gefüllt, zum Teil in ›Zementfässer‹, die innen mit Glasplatten ausgelegt sind. Diese überdimensionalen Weinflaschen ähnelnden Behälter fassen 5000 bis 10000 Liter.

Große Sorgfalt lassen die Kellermeister auch beim Abfüllen des Rebensaftes walten. So wird der Wein, der zur Entkeimung einen Feinstfilter passiert, ohne weitere chemische Zusätze und ohne Sonderbehandlung (zum Beispiel Kühlen oder Erhitzen) eingefüllt. Die BASF-Kellerei verzichtet grundsätzlich auf die Beigabe von Konservierungsstoffen, auch auf jene, die das Weingesetz über den Schwefel hinaus erlaubt. Es hat sich gezeigt, daß solche Stoffe bei peinlich sauberer Behandlung des Weines und gewissenhafter Sterilisation der Flaschen bei Qualitätsweinen nicht erforderlich sind. Man tut sogar noch ein übriges: Damit beim Füllprozeß keine neuen Keime auftreten, wird sogar die Luft des Raumes, in der die Abfüllanlage arbeitet, mit einer Luftwaschanlage gereinigt.

Qualität fällt einem nicht zu – sie ist das Ergebnis fortgesetzten Bemühens und sich ständig steigernder Leistung von Mitarbeitern, die ihr Geschäft verstehen. Der gute Ruf der BASF-Kellerei, der weit über Ludwigshafen hinaus reicht, ist der erfolgreichen Arbeit dieser Fachleute zuzuschreiben, die geradezu ins Schwärmen geraten, wenn sie von ihrem ›Kabinettkeller‹ in Forst an der Weinstraße erzählen. Hier in dem Gebäude eines ehemaligen Weingutes, das dem Unternehmen zu Repräsentationszwecken dient, ruhen die wertvollsten Tropfen vergangener Jahrzehnte, ja sogar Jahrhunderte. Die Krönung sind sieben Flaschen ›Forster Kirchenstück, Auslese, Weingut Reichsrat von Buhl‹ aus dem Jahre 1865, dem Gründungsjahr der BASF. Sie werden im Raritätenkeller unweit von Deidesheim sicherlich ebenso kommenden Generationen erhalten bleiben wie so manch eine hier lagernde Trockenbeerenauslese aus dem Jahre 1901, dem Geburtsjahr der BASF-Kellerei.

Der ›Goldene Oktober‹ der heiligen Ursula

Allgäuer Alpenmilch AG

Die Berneralpen-Milchgesellschaft suchte – und fand: Mit Hilfe des Königlichen Konsulenten für Milchwirtschaft in München wurde der kleine Flecken Biessenhofen an der Wertach (zwischen Kaufbeuren und Marktoberdorf) zum Bau einer Fabrikationsstätte für Milchprodukte ausgesucht. Mit dieser Anlage, deren erster Spatenstich am 23. August 1905 getan wurde, begann die Geschichte der Allgäuer Alpenmilch AG, die 1982 rund 1,3 Milliarden Mark umsetzte und knapp 5000 Mitarbeiter beschäftigte. »Nichts geht über Bärenmarke« – das Werbemotto der zu den größten Unternehmen der deutschen Ernährungsindustrie gehörenden Nestlé-Konzerngesellschaft hat seit vielen Jahren einen der höchsten Bekanntheitsgrade überhaupt.

Weniger bekannt dürfte dagegen die Tatsache sein, daß sich die Allgäuer Alpenmilch AG nicht allein dem Produkt widmet, das sie in ihrem Firmennamen führt: Seit 1963 engagiert sie sich in Sachen Wein, zählt ihre Tochtergesellschaft St. Ursula Weingut und Weinkellerei GmbH in Bingen mittlerweile zu den größten Weinimporteuren und -exporteuren der Bundesrepublik. Bekannt wurden ihre Aktivitäten durch das heute vor allem im Ausland beliebte Weinsortiment ›Goldener Oktober‹.

Der Blick von der Rochuskapelle oberhalb von Bingen fasziniert: Die Aussicht auf den Rhein, auf das Panorama von Rüdesheim fern jeglichen Drosselgassenrummels, auf die benachbarten Burgen, läßt den Betrachter so schnell nicht wieder los. So erfährt er hier oben auf der Höh', daß Johann Wolfgang von Goethe am 16. August 1814 hier das Rochusfest und die neue Weihe der Wallfahrtskirche miterlebt hat. Seine begeisterte Schilderung dieses rheinischen Volksfestes an diesem ausgesucht schönen Platz ist in die Weltliteratur eingegangen.

Zu Füßen der Kapelle, die von einem Waldstreifen umgeben ist, liegt inmitten exotischer Bäume eine prachtvolle Villa – das Weingut ›Villa Sachsen‹. Das sehenswerte Areal hat in seiner mittlerweile

140jährigen Geschichte manchen Wandel erlebt. In den Tagen des Biedermeier wurde weit vor den Toren des damaligen Bingen im Jahre 1843 das große Landhaus in der schlichten Form des Klassizismus von einem Heilbronner Edelmann errichtet. Er ließ den dazugehörigen Park im Stil der Spätromantik mit einer kleinen Kapelle und Burgruine anlegen.

Seit seiner Erbauung hat das Haus fünfmal den Namen gewechselt, weil es ebensooft in andere Hände überging. So diente es u. a. dem Erfolgsschriftsteller des 19. Jahrhunderts, Berthold Auerbach, als Hintergrund seines breitangelegten Bildungsromans mit zeitkritischem Kolorit. In drei Bänden erschien der Bestseller ›Das Landhaus am Rhein‹ 1869 bei Cotta in Stuttgart, der auch Goethes Verleger war.

Als das Anwesen 1899 von einem Leipziger Fabrikanten erworben wurde, verband dessen Schwiegersohn, Kommerzienrat Curt Berger, das Landhaus mit einem Weingut und gab ihm den Namen ›Villa Sachsen‹. Mit 30 Hektar Fläche zählt es auch heute noch zu den großen Weingütern Rheinhessens. Lagen wie der Binger Scharlachberg, dessen Rieslingweine zu den Spitzenqualitäten des deutschen Weinbaus zählen, gehören ebenso dazu wie Kirchberg, Schloßberg oder Schwätzerchen – für Kenner keine unbekannten Namen. Bevorzugt werden hier die Traubensorten Riesling und Silvaner. Auf die ›Villa Sachsen‹ wurde Anfang der sechziger Jahre die Allgäuer Alpenmilch AG aufmerksam. Dauermilcherzeugnisse und das Alete-Kindernahrungsprogramm – das waren die beiden Beine, auf denen das Unternehmen bis zu dieser Zeit stand. Auf der Suche nach einem dritten Bein, das auch wieder landwirtschaftliche Grundprodukte als Basis haben sollte, entdeckten die Bärenmarkler den Wein. Sie entwickelten die Produktphilosophie eines Markenweines, der ausschließlich über den Lebensmittelhandel dem Rebensaft generell neue Konsumentenkreise erschließen helfen sollte. Ausschlaggebend für diese Marketingidee war die Tatsache, daß es damals für Nicht-Weinkenner in der Tat sehr schwierig war, bei rund 30000 Lagebezeichnungen, Jahrgangsangaben und diffizilen Etikettendeklarationen den Überblick zu behalten. Hier sollte nun auch beim Wein die Marke neue und klare Verhältnisse schaffen, sofern die Markenweine sich über längere Zeit durch gleiche Qualität, gleichen Geschmack und möglichst auch gleichbleibenden Preis auszeichneten.

Die Idee, die stand, galt es nun zu realisieren. Der Kauf der ›Villa

Sachsen‹ im Jahre 1963 diente als Startschuß für die Alkoholaktivitäten der Milch- und Müslimacher. Die Gründung der Tochtergesellschaft ›St. Hildegardis, Weingut und Weinkellerei, Bingen‹, die später in ›St. Ursula Weingut und Weinkellerei GmbH‹ umbenannt wurde, setzte ein klares Zeichen für die nun in die Praxis umzusetzende Diversifikationsüberlegung. So wurde sehr schnell auf dem Gelände des Weingutes ein großes Kellereigebäude errichtet, das mit auch heute noch sehr modernen technischen Einrichtungen ausgestattet wurde. Die Weinkellerei verfügt über Tanklager für zwölf Millionen Liter Wein und ein Flaschenlager für 3,5 Millionen Flaschen.

1964 war es dann bereits soweit: Das Markenweinsortiment ›Goldener Oktober‹ erschien auf dem Markt. Einige hundert Außendienstler, die bislang Büchsenmilch und Babykost vertrieben, brachten den Lebensmittelhändlern ab sofort auch Wein ins Haus – mit Erfolg: Bis zu zwölf Millionen Flaschen konnten in den ersten Jahren verkauft werden. Hinzu kamen nach und nach stattliche Exportaufträge, vor allem nach Großbritannien und in die Vereinigten Staaten.

Doch trotz der vor allem für skeptische Beobachter dieses Marketingkonzeptes erstaunlichen Umsätze wurden die Initiatoren nie so hundertprozentig glücklich. Das anzusprechende Käuferpotential war weitaus größer als die in den ersten Jahren erzielten Ergebnisse. Traute man dem Milchhändler den rechten Umgang mit dem Wein nicht so ganz zu? War es doch von Nachteil, daß sich eine Konzerngesellschaft dem Rebensaft widmete, der in der Regel von kleinen und mittelständischen Betrieben erzeugt, abgefüllt und verkauft wird? Auch wenn die bis 1971 unter dem Namen ›Goldener Oktober‹ angebotenen zehn verschiedenen Weinsorten mit dem Sonnenzeichen beim Verbraucher einen Bekanntheitsgrad von 89 Prozent erreichten – die Erträge blieben nach Jahren hoher Investitionen hinter den Erwartungen zurück.

In dieser Phase trat das neue Weingesetz in Kraft. Eine der bedeutendsten Änderungen: Aus bislang rund 30000 Einzelweinlagen wurden 149 Großlagen und etwa 3000 Einzellagen geschaffen. Für St. Ursula war dies ein Signal, die Konzeption für den Markenwein, die nun überholt war, zu ändern und nur noch Lagen- und Jahrgangsweine anzubieten. Damit kam die Weinkellerei den vor allem in den letzten Jahren gestiegenen Ansprüchen der deutschen Weintrinker entgegen. Das Thema Markenwein wurde weitgehend abgehakt – die Idee der Orientierungshilfe war hinfällig geworden.

Doch die Veränderungen Anfang der siebziger Jahre beschränkten sich nicht allein auf das Sortiment: Die St. Ursula Weingut und Weinkellerei GmbH, bisher eine reine Produktionsgesellschaft, löste sich stärker von der Mutter, übernahm die bislang von der Münchner Zentrale aus gesteuerten Marketing- und Verkaufsaktivitäten, baute einen eigenen Außendienst auf – die Tochter wurde selbständig.

Heute präsentiert sich die auf eigenen Füßen stehende Gesellschaft nach problemreichen Jahren so: Unter dem Firmennamen Weinkellerei St. Ursula spricht sie mit einem Sortiment von Weinen aus den bekanntesten deutschen Anbaugebieten Rheinhessen, Rhein-Pfalz, Mosel-Saar-Ruwer, Rheingau und Nahe Kenner und Liebhaber anspruchsvollerer Tropfen an. Neben den Qualitätsweinen mit den Prädikaten Kabinett, Spätlese und Auslese hat sich St. Ursula vor allem als Anbieter von trockenen und halbtrockenen Weinen einen Namen gemacht. Neben den üblichen Flaschenformaten hat die Kellerei übrigens auch Schoppenflaschen mit 0,25 Liter Inhalt im Programm.

Verstärkt hat St. Ursula in den letzten Jahren Generalvertretungen für wichtige ausländische Spezialitäten übernommen. Dazu gehören Originalabfüllungen aus Kalifornien, Griechenland, Spanien und Dalmatien. Aus Frankreich werden ein breites Sortiment bekannter Qualitätsweine mit Prädikat, aber auch Landweine angeboten. Der beliebte Jahrgangssekt Vendôme brut und Vendôme demi-sec aus der Touraine, ein Spitzenprodukt mit Flaschengärung nach der Methode Champenoise, ergänzt das Frankreich-Programm. Für die Freunde Südtiroler Weine hält die Kellerei eine breite Auswahl bekannter Qualitätsweine wie zum Beispiel Kalterer See bereit.

Bereits 1967 begann St. Ursula mit dem Export von deutschen Weinen. Heute liefert sie ihre Produkte in die meisten weinimportierenden Länder der westlichen Welt. Weine der Rebsorten Riesling, Silvaner und Müller-Thurgau werden im Ausland bevorzugt, wo der ›Goldene Oktober‹ sich von Anfang an bis zum heutigen Tag erfolgreich durchsetzen konnte. Die sechs Millionen Liter, die jährlich exportiert werden, machen den ›Goldenen Oktober‹ in Japan derzeit zur Nummer 1, in England und Kanada zur Nummer 2 – im Inland sind es dagegen noch ganze 500000 Liter dieses Sortiments, die durch die Kehlen bundesdeutscher Weintrinker rinnen.

Mittlerweile ist jede dritte Flasche, die St. Ursula verläßt, für das

Ausland bestimmt. Die Binger Kellerei zählt damit zu den größten Weinexporteuren der Bundesrepublik. Die Gesellschaft, die 130 Mitarbeiter beschäftigt, ist optimistisch, auch künftig einen stolzen Gewinn an die Allgäuer mit Sitz in München abführen zu können. 1982 registrierte St. Ursula einen Umsatz von 55 Millionen Mark, zu dem auch die Tochterunternehmen Binger St. Rochusberg Kellerei GmbH und die Kronen Kellerei GmbH, beide Bingen, ihren Anteil beitrugen.

Milch und Wein – auf die richtige Mischung kommt es an, soll diese Kombination (was das wirtschaftliche Ergebnis betrifft) gelingen, soll in diesem speziellen Fall der ›Goldene Oktober‹ nicht zu einem ›Trüben November‹ werden.

Perlendes Gold mit Tradition

Merck, Finck & Co.

Extreme Sparsamkeit war ein beherrschender Wesenszug des 1980 verstorbenen August Georg Heinrich von Finck, Sohn des 1911 mit erblichem Adel ausgezeichneten Bankiers Wilhelm von Finck, der das Bankhaus Merck, Finck & Co. im Jahre 1870 ins Leben gerufen hat – eine von vielen Gründungsaktivitäten, die diese Familie in den letzten hundert Jahren in Angriff nahm. »Von nichts kommt nichts«, lautete denn auch die wohl wichtigste Lebensweisheit August von Fincks, der als Herr über ein auf drei bis vier Milliarden Mark geschätztes Vermögen selbst im hohen Alter Nobelkarossen keine Chance gab – ein Käfer genügte ihm.

Zu einem der ganz wenigen Engagements, auf die sich August von Finck in den knapp sechs Jahrzehnten seines unternehmerischen Wirkens nicht allein aus rein kommerziellen Gesichtspunkten einließ, zählt die Würzburger Sektkellerei J. Oppmann AG, mit rund 7 Millionen Mark Umsatz (1982) ein Zwerg unter den Konzern- und Beteiligungsgesellschaften der Merck, Finck & Co., dem das Bankhaus mit seinem mehrere Milliarden großen Bilanzvolumen seit mehr als einem halben Jahrhundert die Treue hält.

Würzburg, vieltürmige Stadt im Herzen einer prachtvollen Landschaft, Heimat eines Balthasar Neumann und Tilmann Riemenschneider, kann sich rühmen, eine der ersten Stätten der Sektbereitung, wenn nicht die älteste überhaupt in Deutschland gewesen zu sein. Rund 150 Jahre sind vergangen, seit hier am Fuße der Residenz die ersten größeren Versuche mit deutschen Weinen unternommen wurden.

Einer, der sich diesem edlen Trunk besonders verbunden fühlte, war Josef Oppmann, der am 17. Oktober 1843 in Würzburg das Licht der Welt erblickte. Als Sohn des Kontrolleurs der herrschaftlichen Weinberge und Besitzer ansehnlicher Kellereien, Ludwig Oppmann, gehörte er zu jenen wißbegierigen jungen Leuten, die nach den Lehrjahren in der väterlichen Weinkellerei nach Frankreich aufbrachen, um die Kunst des ›Champagner-machen‹ zu studieren. Nach seiner Volontärzeit an der Marne kehrte Josef

Oppmann an den Main zurück, um mit den erworbenen Kenntnissen rund um den ›moussierenden Wein‹ und der Unterstützung des weinkundigen Vaters in seiner Heimatstadt Würzburg eine eigene Schaumweinkellerei aus der Taufe zu heben. Das Wort ›Sect‹ war zwar schon 1819 von dem Berliner Schauspieler Devrien in der Weinstube von Luther und Wegener in Umlauf gebracht worden, hatte sich aber noch nicht durchsetzen können.

Der aktive Jungunternehmer Josef Oppmann hielt sich nicht lange mit den Vorbereitungen für die Kellereigründung auf. Im Jahre 1865 war es dann soweit. »Als in den Vereinigten Staaten die Sklaverei aufgehoben wurde und der Kanonendonner der Seeschlacht Österreich-Preußen gegen Dänemark in Helgoland kaum verhallt war, als Minister Stephan die Postkarte für den allgemeinen Postverkehr zuließ, machte Josef Oppmann mit akkuraten, schwungvollen Schriftzügen die ersten Eintragungen in das Hauptbuch seiner Firma«, heißt es in einer Chronik.

Die ausgezeichneten Fachkenntnisse des jungen Sektfabrikanten sicherten ihm einen schnellen Start: Im Jahre 1871, also bereits sechs Jahre nach der Firmengründung, registrierte Oppmann, der zwischenzeitlich seinen Bruder Johann-Baptist (bis dahin Hofkellerei-Assistent) in seine Firma aufgenommen hatte, eine Produktion von 100000 Flaschen.

Von den zahlreichen Auszeichnungen und Anerkennungen, die der vor Begeisterung ›überschäumende‹ Sektproduzent schon auf den ersten Stufen seiner Erfolgsleiter erhielt, waren die Medaillenprämierung anläßlich seiner Teilnahme an der Weltausstellung in Wien 1873 und die Privilegierung als ›Herzoglich bayerischer Hoflieferant‹ die bemerkenswertesten Würdigungen seiner Leistungen. Josef Oppmann konnte den ganzen Glanz seines unternehmerischen Erfolges leider nicht voll auskosten – 1889 starb er als 45jähriger, in dem Jahr, als seine ›Schaumweinfabrik‹ erstmals in Meyers Konversationslexikon Erwähnung fand.

Neun Jahre später wurde das weiter aufblühende Unternehmen, das nach dem Tod seines Gründers von seiner Witwe weitergeführt worden war, in eine Aktiengesellschaft umgewandelt und mit einem Grundkapital von 450000 Mark ausgestattet. Namhafte Würzburger Bürger und Kaufleute gehörten zu den Gründungsaktionären. Zu diesen Anteilseignern gesellte sich Ende der zwanziger Jahre der Münchner Bankier August von Finck, der nicht allein aus geschäftlichen Gründen nach und nach immer mehr Anteile an dem Aushängeschild deutscher Sektproduktion erwarb – das persönliche

Interesse dieses Engagements blieb seinen Freunden und Kollegen nicht verborgen.

Die Fortentwicklung des heute mehrheitlich zum Bankhaus Merck, Finck & Co. gehörenden Unternehmens mit knapp 30 Beschäftigten wurde am 16. März 1945 durch einen verheerenden Bombenangriff jäh unterbrochen. Alle Bauwerke wurden ein Raub der Flammen, die unzerstört gebliebenen Bestände in den Tiefkellern geplündert – die Vernichtung der Sektkellerei J. Oppmann AG war komplett. Zwei Jahre später jedoch konnte der Wiederaufbau abgeschlossen werden, wurde in einem neuen Betriebs- und Verwaltungsgebäude die Produktion wieder aufgenommen.

Bis heute spielt das Traditionshaus eine kleine, aber feine Geige im Konzept der knapp 90 deutschen Sektkellereien. Mit seinen jährlich rund 1,3 Millionen abgefüllten Flaschen ist sein Anteil an der Gesamtmenge von ca. 300 Millionen Flaschen nur in Promille auszudrücken – aber die haben es in sich! Der hohe Qualitätsanspruch, der heute Voraussetzung zum Überleben für einen kleinen Mitbewerber in dieser Branche ist, garantiert eine gewissenhafte, handwerklich einwandfreie Behandlung des Weines, einen sorgsamen Umgang mit dem edlen Stoff. Eine Kellerei wie die Würzburger J. Oppmann AG muß ihren Kunden, die erst einmal aufgespürt und dann ›gefesselt‹ werden wollen, eben etwas Besonderes bieten. So ist es für das Haus eine Selbstverständlichkeit, nur erstklassige deutsche und französische Weine zu verarbeiten. Zu Sekt veredelt werden diese schon relativ teuren Tropfen vornehmlich nach der Methode Flaschengärung. Nach langer Reifezeit auf Reinzuchthefe entsteht dann ein ›perlendes Gold‹ in seiner weintypischen Art, ehe der Kellermeister zu seiner geheimnisumwitterten Kunst des Dosierens ansetzt.

Verständlich, daß die Oppmann-Erzeugnisse – sie liegen zwischen 11 und 15 Mark – kein ganz billiges Vergnügen sein können. Daß dafür aber Spitzenqualität geboten wird, mag der Hinweis auf die Getränkekarten der bundesdeutschen Renommierhotels sein: Ob in Hamburg, Köln, Frankfurt oder München – das Flaschenetikett mit der Würzburger Residenz und dem Bildnis Balthasar Neumanns ist in den meisten Kellern dieser Nobelherbergen ebenso zu Hause wie zum Beispiel im Bundeskanzleramt, der Bayerischen Staatskanzlei oder bei der Eröffnung der alljährlichen Opernfestspiele von München.

Wie Henkel auf den Hund kam

Henkel KGaA

Es war die »lebhafte Neigung für chemische Vorgänge«, die den hessischen Lehrersohn Fritz Henkel anno 1876 nach Aachen trieb, wo er als 28jähriger die Firma Henkel & Cie. gründete. Geschäftszweck laut der überlieferten Gewerbeanmeldung: Waschmittelfabrikation. Zwei Jahre dauerte es, da war der erste Markenartikel schon auf dem Markt: Henkel's Bleich-Soda. Mittlerweile nach Düsseldorf übergesiedelt, kündigte der Firmengründer »die Revolution im Waschbottich« für heutige Maßstäbe leise und eher unauffällig an. »In allernächster Zeit«, so hieß es in einer Anzeige in der ›Düsseldorfer Zeitung‹ vom 6. Juni 1907, »kommt das neue Waschmittel ›Persil‹ auf den Markt, mit dem man durch einmaliges Kochen ohne Mühe, ohne Reiben blendend weiße Wäsche erzielt, dabei garantiert der Fabrikant die absolute Unschädlichkeit für die Wäsche . . .«

Der Fabrikant, das bedeutete 75 Jahre nach dieser Ankündigung eine Unternehmensgruppe mit weltweit etwa 34000 Beschäftigten und einem Umsatz von rund neun Milliarden Mark. Doch nicht allein die Traditionssparten Wasch- und Reinigungsmittel sind es, mit denen das Familienunternehmen Geschäfte macht. Jüngstes Beispiel dafür, daß heute nicht allein mehr ein noch so unverwüstlicher Markenartikel wie Persil eine blütenweiße (Bilanz-)Weste garantieren kann, ist die 1981 eingegangene 50prozentige Beteiligung an der Quaker + Partner GmbH. Nicht Waschpulver und nicht Klebstoff, nicht Reinigungsmittel und nicht Fettsäure sollen deren Kasse klingeln lassen – Hunde- und Katzenfutter lautet vielmehr das Angebot dieses atypischen Henkel-Engagements.

Die Szene wiederholt sich fast allabendlich. Snoopy, so heißt der schwarze Pudel, hat das typische Geräusch, das Frauchen in der Küche produziert, nicht überhört, rast durch den Flur an den Ort des Geschehens. Eine Konservendose ist's, neben die er da auf dem kleinen Tisch seine Vorderpfoten postiert, um mit seinem kurzgelockten Kopf nichts zu verpassen. Es ist das Summen des elektrischen Dosenöffners, das für Snoopy Zeichen genug ist: Fido-time! ›Fido‹, das sind Safthappen mit Rind, Herz oder Leber, das ist

Hundenahrung, die seit Anfang 1982 bundesweit von der Quaker + Partner GmbH angeboten wird. Und was ›Fido‹ für den bellenden Vierbeiner, das ist ›Minou‹ für die Katze, Fleisch mit Herz oder Leber, Nieren oder Huhn.

Der Düsseldorfer Chemiekonzern Henkel, ebenso mit 50 Prozent an der Vertriebsgesellschaft beteiligt wie der amerikanische Produzent Quaker Oats Company, hatte bereits zu Beginn der siebziger Jahre mit einem Einstieg in den Markt für industriell gefertigtes Heimtierfutter geliebäugelt, der stets mit stolzen zweistelligen Zuwachsraten aufwartete. Grund: Die Grenzen im traditionellen Waschmittelgeschäft zeichneten sich ab, die Phase der Umsatzstagnation wurde frühzeitig erkannt. Die dann frei werdenden Marketing- und Vertriebskapazitäten sollten zur Stunde X auf andere Aufgabengebiete vorbereitet sein.

Als Henkel im Jahre 1977 im Zuge verschiedener Diversifikationsüberlegungen Marktanalysen nicht nur über das Geschäft mit Tiernahrung erstellte, hatte dieses allerdings hohe Priorität bei den Überlegungen, wenn auch mit einer großen Einschränkung: Dem Waschmittel-Konzern fehlte das Produkt- und Fertigungs-Knowhow. Deshalb wurden Gespräche mit einigen kleineren Tierfutterherstellern geführt, die jedoch zu keinem konkreten Ergebnis führten.

Im Jahre 1980 bahnte sich dann allerdings die Quaker-Ehe an. Der Spezialist, der nach einer wenig erfolgreichen Kooperation mit den Schwartauer Werken einen neuen Partner auf dem deutschen Markt suchte, um das erfolgversprechende Geschäft weiterführen zu können, kam mit Henkel ins Gespräch. Hier ein Produzent, dort ein Marketing- und Vertriebsprofi – am 1. April 1981 wurde die Partnerschaft offiziell besiegelt.

Das Gesamtkonzept von Quaker + Partner wurde neu definiert, wobei besonderer Nachdruck auf starke werbliche Unterstützung von ›Fido‹ und ›Minou‹ sowie auf Marktpflege in dem Sinne gelegt wurde, daß keine ruinöse Preisstrategie erfolgte und Sorge für die Aufrechterhaltung der Margen in diesem gesunden Markt getragen wurde. Dazu traten die Langfristigkeit des Engagements und das deutliche Bestreben, Markterweiterung durch Innovation zu erzielen. Verändert wurden das Kommunikationskonzept und das Fido-Etikett, um die Ansprache des Konsumenten neuartig und auffallender zu gestalten.

»Es gibt eigentlich nur einen Weg zum Erfolg. Man darf nicht versuchen, Verdrängungswettbewerb zu betreiben, da die Marken, die bislang bestehen, große Bedeutung haben. Aber da der Markt noch sehr große Möglichkeiten der Expansion bietet – knapp 30 Prozent der Tiernahrung werden erst durch Fertigprodukte abgedeckt –, gibt es die Chance, sich als alternativer Anbieter darzustellen. Unsere Aufgabe ist es, neue Produktkonzepte zu erarbeiten, sowohl von der rein physischen Form her durch andere Rezepte, als auch durch innovative Darreichungsformen«, lautete das Konzept, mit dem Quaker + Partner an den Start ging.

Es galt, ein Heer von Hunde- und Katzenhaltern anzusprechen, das bislang industriell gefertigtes Futter aus welchen Gründen auch immer unberücksichtigt ließ. »Wir sind zwar nicht so vermessen zu glauben, daß wir Zahlen wie in den Vereinigten Staaten erreichen können, wo die Marktabdeckung bei rund 70 Prozent liegt. Wenn wir aber vergleichbare Zahlen wie so manch einer unserer europäischen Nachbarn erzielen, dann sollten wir doch von einer Abdeckung von 40 bis 50 Prozent als Zielgröße ausgehen können, und das wäre fast schon eine Verdoppelung des heutigen Marktes«, warf die Quaker + Partner-Geschäftsführung einen Blick nach vorn.

Die bundesweite Einführung von ›Fido‹ und ›Minou‹ Anfang 1982 – das geplante Konzept hatte sich auf Testmärkten in einigen Bundesländern als richtig erwiesen – ließ sich die Gesellschaft einiges kosten: »Die Werbung spielt in unserem Marketing-Konzept nun einmal eine bedeutende Rolle. Ihre Bedeutung erklärt sich auch schon aus unserer grundsätzlichen Philosophie, neue Konsumenten zu erreichen. Wir müssen das Konzept sehen und hören lassen. Wenn wir über Konditionen gingen, würde es in einem Verdrängungswettbewerb enden, den wir nicht wollen.«

Nach gerade einjähriger Erfahrung auf dem nationalen Markt wurde das junge Unternehmen vor eine neue Situation gestellt: Die Quaker Oats Company, weltweit Nummer 2 im Tiernahrungssektor, übernahm das europäische Heimtierfuttergeschäft der amerikanischen Gesellschaft Ralston Purina, das sich im Jahre 1982 auf mehr als 300 Millionen Mark belief. Seit Anfang 1983 werden die Sortimente der ehemaligen Wettbewerber Ralston Purina (›Latz‹) und Quaker (›Fido‹, ›Minou‹) nun gemeinsam von der Quaker + Partner GmbH vertrieben. ›Über Nacht‹ schraubte die Gesellschaft, die rund 120 Außendienstler zählt, ihren Marktanteil auf etwa 20 Prozent. Damit hält sie hinter dem unbestrittenen Marktführer, der Effem GmbH, den ebenso unbestrittenen zweiten Platz in der Bundesrepublik. Eine für den Handel willkommene Alternative zum Monopolisten, die nicht zuletzt ein branchenfremder Chemiekonzern namens Henkel ermöglichte.

Damit's ein Prachtschwein wird

Deutsche BP Aktiengesellschaft

Die Geschichte der Deutsche BP AG hat ihren Ursprung in der österreichisch-ungarischen Monarchie, in der sich gegen Ende des 19. Jahrhunderts die Raffinerien zu einem Kartell zusammenschlossen. Daraus entstand am 8. Juli 1904 in Wien eine Aktiengesellschaft, die unter ihrem Telegramm-Namen Olex bekannt wurde. Das ist das Geburtsdatum der Deutschen BP AG. Ebenfalls 1904 wurde die Deutsche Petroleum AG mit Sitz in Berlin gegründet. Die von ihr zwei Jahre später in Bremen ins Leben gerufene Europäische Petroleum Union GmbH war es dann, die in London eine reine Vertriebsgesellschaft gründete, die British Petroleum Company, die 1917 von der Anglo-Persian Oil Company übernommen wurde. Diese Gesellschaft, die 1935 ihren Namen in Anglo-Iranian Oil Company änderte, wurde 1954 ein zweites Mal umgetauft: The British Petroleum Company Limited, abgekürzt BP. Zu einer Verschmelzung der Olex – seit 1909 mit Sitz in Berlin – und der Deutschen Petroleum-Gruppe kam es 1926, als die Olex Deutsche Petroleum Verkaufsgesellschaft mbH gegründet wurde. Die Anglo-Persian Oil Company beteiligte sich zunächst mit 40 Prozent am Kapital, erhöhte ihren Anteil 1929 auf 75 Prozent und wurde 1931 alleinige Gesellschafterin der neuen Olex, die 1950 zusammen mit der Eurotank zur BP Benzin und Petroleum Gesellschaft mbH mit Sitz in Hamburg zusammengefaßt wurde. 1957 wurde die BP in eine Aktiengesellschaft umgewandelt und erhielt 1974 ihren heutigen Namen Deutsche BP Aktiengesellschaft.

Wer glaubt, daß dieser Energiekonzern, der im Jahre 1982 mit etwa 9000 Mitarbeitern einen Umsatz von rund 25 Milliarden Mark erzielte, sich ausschließlich mit Öl, Kohle und Gas beschäftigt, der irrt. Der nachstehende Beitrag macht deutlich, daß BP, Muttergesellschaft der Hakra Hanseatische Kraftfuttergesellschaft mbH, auch mit Schweinefutter handelt.

Die Szene spielt auf einem niedersächsischen Bauernhof. Es ist später Nachmittag. Der Hausherr, seit der Mittagsstunde mit seinem Besucher ins Gespräch vertieft, beginnt unruhig zu werden. Alle 30, 40 Sekunden wandert sein Blick auf das Zifferblatt der

Wanduhr, deren Ticken dort in der guten Stube nicht zu überhören ist. Es ist die Pflicht, die den Landwirt ruft: Mahlzeit.

Wenige Minuten später betreten wir den ›Speisesaal‹, in dem die bereits um den Trog versammelten Gäste das Kommen des ›Oberkellners‹ kaum noch erwarten können: Die hungrigen Vierbeiner, das sind 64 wohlgeformte Schweine, die – sobald die Tafel bereitet ist – kräftig zuschlagen: Die Mischung des ›Chefkochs‹ ist meisterlich, die Frage des Service, ob denn noch einmal nachgereicht werden dürfe, überflüssig – her mit dem Nachschlag!

Während die schweinischen Gourmets vor dem das Mahl abrundenden Digestif eine unüberhörbare Pause einlegen, klärt der Landwirt auf. Die Entwicklung der Schweinehaltung zu einem eigenständigen landwirtschaftlichen Betriebszweig mit neuen Dimensionen und erheblichen Veränderungen gegenüber der althergebrachten Praxis habe ein großes Problem mit sich gebracht: die Frage nach einer den neuen Verhältnissen angepaßten Futtergestaltung, die in Qualität und Zusammensetzung den hohen Anforderungen des Marktes an das Schwein gerecht werden muß. Anforderungen, die da heißen Fleischreichtum, Fettarmut und Fleischqualität.

Und weil hauptsächlich über das Futter den neueren Risiken begegnet werden kann, die sich mit den veränderten Haltungsformen, mit den Großbeständen und mit der gleichzeitigen Rationalisierung und Technisierung in der Fütterung ergeben haben, kommt der Ernährung dieser Tiere besondere Bedeutung zu, ist die Versorgung mit maßgeschneiderten Futtermischungen aus besten Rohstoffen, von wissenschaftlich begründeter Zusammensetzung und einwandfreier Vermischung Voraussetzung für eine rentable Schweineaufzucht und -mast.

Um solche nach neuesten Forschungsergebnissen entworfenen Futtermischungen – noch dazu für die regional unterschiedlichen Bedürfnisse der Bezieher – optimal herstellen zu können, sind erhebliche organisatorische, wissenschaftliche und technische Produktions- und Versuchseinrichtungen erforderlich. Die ›Hakra Hanseatische Kraftfuttergesellschaft mbH‹ in Hamburg, seit mehr als 30 Jahren auf die Herstellung von Futtermischungen für Schweine spezialisiert, zählt zu den Anbietern auf diesem Markt, die über diese Voraussetzungen verfügen.

Heinrich Biehl und Henry Nielsen waren es, die am 1. Juli 1952 das Unternehmen ›Biehl & Co.‹ mit Sitz in Hamburg gründeten. Biehl war Fachmann auf dem Gebiet der Tierernährung, Nielsen

Experte für Fischmehle und andere tierische und pflanzliche Eiweißträger. Ziel der Firmengründer war es, damals noch unbekannte Eiweißkonzentrate für Schweine zu entwickeln, zu produzieren und zu verkaufen. Es gelang mit Hilfe von umfangreichen Versuchsbetrieben, technisch hochentwickelten Produktionsstätten, einem Stab von Wissenschaftlern und Futterberatern. Diese Außendienstler hatten die Aufgabe, bäuerliche Schweinehalter umfassend zu beraten und durch regelmäßige Gewichtskontrollen der Schweine den Futterwert der angebotenen Eiweißkonzentrate zu beweisen.

Im Jahre 1968 trennten sich die beiden Unternehmer. Henry Nielsen führte die Firma als Familien-KG unter der Bezeichnung ›Hakra Hanseatische Kraftfuttergesellschaft Nielsen & Co. KG‹ weiter. Die bewährte Geschäftspolitik wurde beibehalten, das Sortiment erweitert und über ein inzwischen weit verzweigtes Netz von Landhändlern und hofnahen Mischfutterherstellern vertrieben. Die Mitarbeiter im Außendienst behielten ihre fachliche Beratungsaufgabe, mußten aber im Laufe der letzten zehn Jahre in zunehmendem Maße auch Verkaufsaufgaben übernehmen. Mittlerweile hatte sich nämlich ein Wettbewerb in diesem Markt durch andere Unternehmen entwickelt, die dem Beispiel der Hakra gefolgt waren.

Das Geschäft wurde schwieriger, auch als Folge der teilweisen Verknappung und damit Verteuerung von ausländischen eiweißhaltigen Futterrohstoffen Anfang der siebziger Jahre. Die Folge: Henry Nielsen verkaufte seinen Betrieb, der mittlerweile 400 Händler und Genossenschaften mit Eiweißkonzentraten und anderen Mischfuttern aus tierischen und pflanzlichen Rohstoffen belieferte. Der Käufer? Die Deutsche BP Aktiengesellschaft, ebenfalls mit Sitz in Hamburg.

Mag die Tatsache, daß ein Ölkonzern eine Schweinefutterfabrik erwirbt, Außenstehende auch überraschen – für Szenenkenner war der Kauf schon eher verständlich, zumal Mutter und Tochter bereits einige Jahre zuvor ihr gegenseitiges Interesse bekundet hatten. Anlaß für diese Verbindung war der Versuch, die BP-Alkanhefe ›Toprina‹ für Hakra-Produkte zu verwenden. Henry Nielsen: »Als ich die ersten Kontakte mit BP aufnahm, wollte ich an die Alkan-Eiweißhefe herankommen. Die Versuche, die wir mit Toprina gemacht haben, verliefen ganz erstaunlich, brachten ausgezeichnete Ergebnisse.«

Für die Ölprofis dagegen galt es, »einen kommerziellen Weg für den dritten entscheidenden Schritt in der Geschichte des Erdöls zu finden«, wie es anläßlich des Firmenerwerbs hieß. Mit dem Einsatz von Benzin als Treibstoff hatte das Zeitalter des Automobils eingesetzt, mit dem Erdöl als Ausgangsstoff zur Herstellung von Massenchemikalien das der Kunststoffe. Mit der Erzeugung von Eiweiß auf Erdölbasis sollte nun ein weiterer Schritt zur Veredelung und damit zu einer höheren Wertschöpfung des Erdöls als Rohstoff getan werden.

Die Aussichten waren gut, das hochwertige Protein ›Toprina‹, das nach einem von BP entwickelten Verfahren hergestellt wurde, im Tierfuttersektor einzusetzen. Seine Vorteile: hoher Proteingehalt (60 bis 65 Prozent, vergleichbar mit Fischmehl), stets gleichbleibende Qualität, reich an lebenswichtigen und aufbauenden Aminosäuren und Vitaminen des B-Komplexes. Die absolute Verträglichkeit und der ernährungsphysiologische Wert dieses Produktes wurden durch ausgedehnte toxikologische Versuche und Fütterungstests erwiesen. Diverse Testserien, von unabhängigen Instituten betreut, ersteckten sich über einen Zeitraum von zehn Jahren.

Doch es kam alles ganz anders. Das geplante Vorhaben, das 1971 gemeinsam angepackt und durch die Firmenübernahme der Hakra vier Jahre später noch stärker betrieben wurde, mußte wiederum zwei Jahre später zu den Akten gelegt werden: Ein Projekt, das die British Petroleum Comp. weltweit mehr als 200 Millionen Mark gekostet hat, wurde auch von der deutschen Gesellschaft eingestellt, weil die ständig gestiegenen Rohstoffkosten in keinem Verhältnis mehr zu den Preisen der Wettbewerbsprodukte Sojaschrot und Fischmehl standen. Eine Entwicklung, die zu Beginn des Vorhabens nicht absehbar war – der Preis war der alleinige Pferdefuß einer interessanten Entwicklung der BP hin zum Schwein.

So präsentiert sich die Hakra Hanseatische Kraftfuttergesellschaft mbH zwar auch heute noch als hundertprozentige BP-Tochtergesellschaft, wenn auch die geplante produktorientierte Zusammenarbeit gestrichen werden mußte. Mit einer Jahreskapazität von mehr als 80000 Tonnen zählt das im Hamburger Hafen angesiedelte Unternehmen zu den größten Spezialfutterherstellern in der Bundesrepublik. Ob Ferkelaufzuchtfutter, Wirkstoffkonzentrate oder Mineralfutter – die vielfältigen Produkte werden unter anderem unter den Markenbezeichnungen ›Supermast‹, ›Superstart‹, ›Hakravit‹, ›Hakramin‹ und ›Super-Fame‹ über den privaten und genossenschaftlich organisierten Handel abgewickelt. In einigen Bundesländern sind es vorwiegend private Landhändler, in anderen sind die Verbindungen zum Großhandel oder zu den Genossenschaften ausgeprägter.

Rund 23 Millionen Schweine wurden im Jahre 1982 in der Bundesrepublik gezählt. Etwa sechs Prozent der Vierbeiner erhalten ihr täglich Brot von der Hakra, die 70 Mitarbeiter beschäftigt. Glaubt man den Hamburger Spezialisten auf dem Gebiet der Schweinefütterung und -haltung, dann kommen ihre Produkte Perlen gleich, die sie vor die Säue werfen lassen. Und damit's ein Prachtschwein wird, hält die BP-Tochter Tiere in eigenen Versuchsställen, wo die grunzenden Haustiere unter normalen, neuzeitlichen Bedingungen und ausschließlicher Verfütterung von Hakra-Erzeugnissen aufgezogen und gemästet werden. In exakt überwachten Versuchsreihen wird die Reaktion und Entwicklung bei der Fütterung mit neuen Mischungen registriert und ausgewertet. Wenn sich ein Fortschritt als klar und stabil erweist, geht die Mischung an einige interessierte Großbetriebe, um die Bestätigung der freien, kritischen Praxis zu erhalten.

Gesunde Schweine, schnelle Mast – eine ›tierische Diversifikation‹ der BP, die ihr wegen ihrer Unabhängigkeit vom Energiemarkt interessante Perspektiven eröffnet, und das trotz des ›Toprina-Flops‹.

Die ›heiße Kiste‹ läuft wie geölt

Aral AG

Qualität lebt auch von Tradition – Aral ist ein klassisches Beispiel dafür. Schon vor vielen Jahrzehnten bezogen die Otto-Motoren ihr Temperament von Aral. Schrittmacher des Fortschritts war Benzol, ein Produkt, das ungeahnte Möglichkeiten eröffnen sollte.

Mitten im Ruhrgebiet stand die Wiege des Benzol-Verbandes. Am 28. November 1898 wurde in Bochum die Westdeutsche Benzol-Verkaufs-Vereinigung geründet, die für den Vertrieb der in den Bergwerks- und Hüttenbetrieben bei der Verkokung anfallenden Nebenprodukte zuständig war. Ihr schloß sich die Ostdeutsche Benzol-Verkaufs-Vereinigung an. Der Benzol-Verband, der später daraus hervorging, ist der Vorläufer der Aral AG, die sich zur größten bundesdeutschen Kraftstoff-Vertriebsgesellschaft entwikkelte. Das Kapital des Unternehmens, das im Jahre 1982 einen Umsatz von rund 15 Milliarden Mark erzielte, halten die Veba Oel AG (56%), die Mobil Oil AG (28%) und die Wintershall AG (15%).

An einigen der insgesamt rund 5000 Zapfstationen im Bundesgebiet bietet Aral jedoch nicht nur Kraft- und Schmierstoffe, sondern auch Currywürste und Pommes frites an: SIS-Schnellimbißstätten Betriebsgesellschaft mbH heißt die hundertprozentige Tochtergesellschaft, die rund 130 ›heiße Kisten‹ vorwiegend auf blau-weißem Tankstellengelände installiert hat.

Düsseldorf, Südring: Der Blick auf das Zählwerk der blau-weißen Zapfsäule macht den Durst des Fahrzeugtanks deutlich – 48, 49, 50 Liter. Während der kräftige Stoff schier endlos in den blechernen Behälter strömt, wandert der Blick von den unaufhaltsam davonrennenden Zifferkolonnen in dem viereckigen Kasten über das zu dieser Mittagsstunde recht zugige Tankstellengelände. Ostwind peitscht den Herbstregen unter das flache Dach, das seiner schützenden Funktion bei dieser Sturm- und Drangperiode kaum gerecht werden kann. 62, 63, 64 . . . Der Schriftzug, der dort in der Ecke des Sprit-Geländes gelb auf rot zu lesen ist, verspricht Hoffnung: ›heiße Kiste‹, zwei Wörter, die mitunter einen größeren Reiz auf den

Tankenden ausüben können als ein nebenan abgestellter noch heißerer Ofen. Denn was sind schon 180 Pferdestärken gegen eine Rinderwurst, 230 Stundenkilometer gegen 47 Pommes frites, wenn Hunger und Kälte gemeinsam zuschlagen?

›heiße Kiste‹ – ein kompakter, mobiler Snack-Shop, den die SIS-Schnellimbißstätten-Betriebsgesellschaft mbH im Jahre 1982 an bundesweit 130 Stätten aufgestellt hatte, fast ausschließlich auf dem Areal von Tankstellen ihrer Muttergesellschaft, der Aral AG. Die Vorgeschichte dieses fast food-Engagements geht auf die Jahre 1971/72 zurück, als sich die Super- und Dieselanbieter mit der Frage beschäftigen mußten, wie sie ihre Flächen besser nutzen könnten. Diese Überlegungen fanden ihren Niederschlag in einem gastronomischen Test, sprich sechs in Eigenregie betriebenen Snacky-Restaurants in Köln, Essen und Tübingen. Dieser gemeinsam mit Nestlé gestartete Versuch entsprach jedoch nicht den Erwartungen. Die Tankstellen erwiesen sich als Standort für derartige Aktivitäten wenig geeignet – die Partner trennten sich nach einem Jahr wieder.

Aral indes gab nicht auf. Als zwei Snackys schon geschlossen, die anderen verpachtet waren, baute die ›Fritten-Tochter‹ 1973/74 acht stillgelegte Tankstellen in Grillstationen um, von denen übrigens heute noch – mit einer Ausnahme – alle treu und brav ihre Würstchen und Schnitzel feilbieten. Fast parallel zu diesem Pommes-rein-Sprit-raus-Schritt entwickelte das in Sachen Öl (außer Mineralöl wurde nun auch Speiseöl erforderlich) erfahrene Management das Konzept der ›heißen Kiste‹, das sich sehr schnell als das einzig Vernünftige diesbezüglicher Flächennutzungsplanungen herauskristallisierte. Helmut Brück, Geschäftsführer der Schnellimbiß GmbH, nennt die Gründe: »Bei viel niedrigeren Investitionen als bei den Snackys und Grillstationen erreichen die Betreiber dennoch vergleichbare Umsätze. Außerdem ist das Problem der Standortfrage viel leichter zu lösen. Wenn eine Kiste an einem Platz nicht läuft, nehmen wir sie an den Haken und versetzen sie auf ein attraktiveres Viereck.«

Seit 1976 gibt es für die SIS keine Alternative zu den leuchtend roten Kisten, die vor allem im Rhein-Ruhr-Gebiet und in den Großräumen Berlin, Hamburg und Kassel placiert sind. ›heiße Kisten‹, das heißt kompakte Verkaufscontainer, die auf 15 Quadratmetern mit Schnellverpflegung handeln. Die wichtigste Frage für SIS war und ist wie generell in dieser Branche das Standortproblem. Im Gegensatz zu den großen Anbietern, die sich auf der permanenten Jagd nach Toplagen in Innenstädten befinden, können die Männer von Aral auf ein lukratives Potential zurückgreifen, müssen allerdings auf wesentliche Kriterien wie Lauf- und Fahrfrequenz bzw. Wohngebiete bei der Wahl der geeigneten Tankstellen achten.

Betrieben werden die Kisten in aller Regel von Einzelpächtern – zum Jahresende 1982 waren die 130 metallenen Vierecke mit dem einheitlichen Erscheinungsbild in der Hand von rund 100 Pächtern, davon nur etwa ein Dutzend Tankstellenpächtern. Die Suche nach den geeigneten Männern und Frauen (die monatliche Pacht von 1300 Mark umfaßt Container plus hochwertiger technischer Ausstattung, Standort, Marketing- und Managementhilfen, Beratung und Nutzung des Know how und der Markenbezeichnung) wird durch eine relativ niedrige Kaution in Höhe von 5000 Mark und interessante Gewinnmargen bei entsprechendem Engagement nicht gerade erschwert. Wer als Einzelpächter seine Kiste selbst betreibt, kann bei einem Umsatz ab 10000 Mark schon von einem guten Verdienst sprechen. Wer einen Mitarbeiter beschäftigt, muß da schon 3000 bis 4000 Mark drauflegen, um zu einer angemessenen Rendite zu kommen.

Das Bild der ›Gastronomen‹, die ihren Arbeitsplatz in den roten Containern auf blau-weißem Grund und Boden haben, ist bunt: Zu den Tankstelleninhabern gesellen sich Besitzer von Fleischereien ebenso wie unerfahrene Schreibtischler mit dem unbesiegbaren Drang zur Selbständigkeit, der in den Kisten seine Erfüllung findet – und dies mit Erfolg, wie die Vergangenheit wiederholt gezeigt hat.

Den Kern der Angebotspalette einer ›heißen Kiste‹ bilden erfahrungsgemäß drei Produkte: Hamburger, eine den regionalen Verzehrgewohnheiten adäquate Wurst und Pommes frites. Je nach Standort, Publikum und eigenen Interessen kann der Pächter dieses Standardangebot beliebig erweitern, sei es um Frikadellen oder Schnitzel, Hähnchen oder Frühlingsrollen. Dabei hängen Initiative, Verkaufsgespür und Erfolg eng miteinander zusammen.

Die Erkenntnis, die man in Bochum aufgrund des nunmehr langjährigen Know how gewonnen hat, ist einleuchtend: »Je mehr Laufpublikum, desto enger kann das Speiseangebot sein, desto besser ist letztendlich ein Standort. In Wohngegenden dagegen mit zahlreichen Stammkunden wird eine gewisse Programmvielfalt erforderlich, da hier Abwechslung gefragt ist.« Zwingend ist für alle Pächter übrigens nur das Aushängeschild der Snack-Shops, der ›Kistenburger‹, für den lediglich eine Bezugsempfehlung gegeben wird – Einkaufsfreiheit lautet ansonsten die Devise der SIS, die mit ihrem kleinen Team Jahr für Jahr Gewinne erwirtschaftet.

Doch diese – angenehme – Begleiterscheinung dieser Aktivität stand für die Mutter Aral nicht allein im Vordergrund der kalorienreichen Diversifikation. Neben der bereits erwähnten sinnvollen Nutzung vorhandener Flächen und stillgelegter Anlagen kam der Service-Gedanke als zusätzliches Moment hinzu, um den Kunden mit den rot-gelben Kisten noch stärker an die blau-weißen Zapfsäulen zu binden. Auch wenn die ursprünglich geplante Kistenzahl nicht erreicht wurde und die Budenaktivität vorerst nicht forciert wird, so machen die 130 existierenden Beispiele deutlich, daß die Kisten wie geölt laufen – eigentlich kein Wunder bei den hinter diesem Konzept stehenden ›Schmierprofis‹, oder?

›Germania‹ – stolze Dynastie zur See

Fried. Krupp GmbH

20. November 1811: Als der 24jährige Friedrich Krupp (1787 - 1826) ›eine Fabrik zur Verfertigung des englischen Gußstahls und aller daraus resultierenden Fabrikate‹, die Firma Fried. Krupp, gründet, präsentiert sich das Ruhrgebiet als eine wald- und feldreiche Region, an deren Flüßchen ein paar Eisenhämmer schmieden. Es ist die Zeit Napoleons, die Zeit der Kontinentalsperre, in der Krupp seine Chance sieht, den englischen Stahl ersetzen zu können. Doch er tut sich schwer. Erst die aufkommenden Eisenbahnen führen das Unternehmen, das nach Friedrich Krupps frühem Tod mit nur 39 Jahren sein 14jähriger Sohn Alfred (1812-1887) weiterführt, Schritt für Schritt nach oben. Kanonen ergänzen ab 1859 die Produktpalette, die das Haus Krupp mit dem fatalen Ruf der Waffenschmiede belegen sollten.

Nach dem Enkel des Firmengründers, Friedrich Alfred Krupp (1854-1902), übernimmt dessen Schwiegersohn Gustav Krupp von Bohlen und Halbach (1870–1950) das Kommando auf der Steuerbrücke des zu einem weltweit bekannten Konzern gewachsenen Unternehmens. Kapitän Gustav fährt jedoch nicht nur als Firmenchef volle Kraft voraus: Mit dem Bau der Yacht ›Germania‹ begründet der begeisterte Hochseesegler eine Tradition, die heute noch mit dem von der nach seinem Sohn benannten Alfred Krupp von Bohlen und Halbach-Stiftung – sie hält 75,1 Prozent der Konzernobergesellschaft Fried. Krupp GmbH – unterhaltenen Ausbildungsschiff ›Germania VI‹ fortgesetzt wird.

»Mit Begeisterung und Entzücken folgte der sportfreudige Segler dem Kampfe der großen Schoner bei den Wettfahrten der Kieler Woche während der letzten Jahre. Ein Wermutstropfen nur trübte diese Freude; die schönsten und mächtigsten Kämpen waren keine deutschen Erzeugnisse.«

Die Enttäuschung, die aus diesen Zeilen der Zeitschrift ›Die Yacht‹ zu Beginn dieses Jahrhunderts deutlich herauszulesen ist, schlug wenig später ins Gegenteil um. Einer Sensation kam es gleich, als am 26. Juni 1908 die ›Germania‹ bei ihrer ersten

Wettfahrt auf der Kieler Förde von den kampferprobten, in England und Amerika gebauten Schonern ›Meteor‹ – die dem Kaiser gehörte – und ›Hamburg‹ über die Distanz von 33 Seemeilen (gut 60 Kilometer) nur um fünf Minuten geschlagen wurde. Denn diese Yacht war »deutsch vom Kiel bis zum Flaggenkopf«, wie ein Chronist schwärmte. Ein mächtiger deutscher Industrieller hatte sie auf seiner eigenen Werft in Kiel bauen lassen: Legationsrat Gustav Krupp von Bohlen und Halbach.

Zwei Tage später dann bereits der erste große Erfolg. Ein Zeitgenosse schildert: »›Germania‹ hatte die Ehre, S. M. den Kaiser an Bord zu haben, der während des ganzen Rennens die Ruderführung behielt; sie überholte gleich auf dem ersten Kurs die ›Meteor‹, übernahm dann nach einem scharfen Kampfe mit der schneidig gesegelten ›Hamburg‹, die sich die erdenklichste Mühe gab, sich ihrer neuen Rivalin zu erwehren, die Führung und ging schließlich als erstes Boot durchs Ziel.«

An den folgenden Renntagen wiederholten sich die Erfolge, bildete die letzte Wettfahrt am 9. Juli 1908 einen schönen Abschluß dieser Premiere des neuen deutschen Schoners: Die ›Germania‹ ging wieder als erstes Schiff durchs Ziel, ließ der Konkurrenz erneut keine Chance, kassierte auch den letzten Preis dieser Kieler Woche.

Es lohnt, einen Blick in diese ›Germania‹ zu werfen, war es doch die luxuriöseste Rennyacht, die je gebaut wurde, vor allem in bezug auf die Herrschaftsräume. »Die Niedergangstreppe an Backbord führt geradewegs auf die Salontüren, während ein Gang unter dem versenkten Deckshaus nach hinten zu der großen Gästekabine, die von Bord zu Bord reicht, leitet. Sie ist mit einem Doppelwaschtisch, jederseits einem Sofa und großer Koje sowie reichlichen Gelassen und Spinden versehen und verfügt über eine abgeschlossene Badekammer mit WC. Außer den beiden seitlichen Bulleyes sorgt ein hohes Oberlicht für reichliche Lüftung. Die Steuerbordseite nach vorn zu nimmt die große Doppelkabine für den Eigner und seine Gemahlin ein; eine große Badekammer nebst WC ist unmittelbar angeschlossen. An Backbord liegen eine Kammer mit zugehörigem Klosett für zwei Bedienstete und zwei an die Niedergangstreppe stoßende Gästekammern«, heißt es in einer Beschreibung aus dieser Zeit. Ob der mit einem Piano ausgestattete Damensalon, ob Wohnraum mit offenem Kamin oder der elegante Speisesaal, in dem eine festliche Tafel für 20 Gäste gedeckt werden konnte – es fehlte an nichts auf der ›Germania‹, zu deren Besatzung neben dem Skipper, Fregattenkapitän Widenmann von der kaiserlichen Marine, drei Steuerleute, sechs Köche und Stewards sowie 22 Matrosen zählten.

Nach den Ergebnissen des ersten Sommers der ›Germania‹, die ihre Siegesserie im Anschluß an die Kieler Woche bei englischen Regatten fortsetzte, war klar, daß das 47 m lange Schiff, das 19 Segel mit einer Gesamtfläche von 4448,2 Quadratmetern mit sich führte, sämtliche an eine große, moderne Rennyacht gestellte Anforderungen erfüllen konnte. »Die lebhafte Anerkennung, ja die unverhohlene Bewunderung, die englische Segler und Fachblätter der schönen Schoneryacht ›Germania‹ gezollt haben, dürfen daher den deutschen Yachtbau mit Stolz erfüllen«, schrieb ›Die Yacht‹ im Jahre 1909.

Gustav Krupp, wie sein Sohn Alfried ein begeisterter Hochseesegler, hatte damit eine Tradition begründet, die heute noch mit dem von der Krupp-Stiftung unterhaltenen Ausbildungsschiff ›Germania VI‹ fortgesetzt wird und für deren Erhaltung sich Stiftungsvorsitzender Berthold Beitz besonders stark engagiert. Doch weder Beitz noch einer der Krupps zeichneten in der nunmehr 75jährigen Geschichte der ›Germania‹-Yachten als Skipper verantwortlich, sondern übertrugen diese Aufgabe an Außenstehende. Ein Grund: Das Boot sollte bei beruflich bedingten Terminschwierigkeiten des Konzernchefs nicht führerlos werden.

Für Krupp bedeuteten die Erfolge der ›Germania‹ außer Ehre übrigens auch Geschäft: S. M. der Kaiser entschloß sich nämlich spontan nach den ersten Regatta-Siegen der deutschen Yacht, seinen in den USA gebauten dritten ›Meteor‹ abzustoßen und bei Krupps Germania-Werft ein neues Gefährt nach dem Muster des erfolgreichen Newcomers auf europäischen Meeren zu ordern.

Der Erste Weltkrieg beendete die glanzvolle Zeit dieser auf Siege abonnierten Yacht aus dem Hause Krupp. Am 30. Juli 1914 lag sie in Cowes, der Hochburg des britischen Regatta-Sportes. Nach Kriegsausbruch wurde die ›Germania‹ am 28. Oktober 1915 von einem englischen Gericht zur ›guten Prise‹ erklärt. Zwei Jahre später wurde das Urteil in zweiter Instanz bestätigt. Kurz darauf versteigerten die Engländer die Yacht für 10000 Pfund Sterling an einen norwegischen Kapitän. Die letzte Information, die über das Traumschiff vorliegt, ist ein Hinweis in einer Zeitung, nach dem es 1922 in den Besitz des amerikanischen Millionärs Gordon Woodbury übergegangen sei.

Erst nach einer längeren Pause lief 1934 wieder eine ›Germania‹ vom Stapel – wie alle weiteren Krupp-Yachten bei der noch heute sehr angesehenen Werft Abeking & Rasmussen in Lemwerder bei Bremen, eine 8-Meter-Rennyacht, winzig klein im Vergleich zur ersten Yacht Krupps, eine Amateur-Segelyacht. Da sie die Vorstellungen ihres Auftraggebers nicht erfüllte, folgte bereits ein Jahr später für die Teilnahme an den Olympischen Spielen die ebenfalls für die 8-Meter-R-Klasse ausgelegte ›Germania III‹ mit einer Länge von 14,75 Metern. Der alte Legationsrat Krupp segelte nur eine einzige Regatte in dieser Klasse mit, überließ die Distribution über die Boote seinem damals 27jährigen Sohn Alfried.

Aus diesen Tagen stammt die Verbindung zwischen den Krupps und der Familie Howaldt. Der Frankfurter Kaufmann Hans Viktor Howaldt erinnerte sich später noch sehr genau an diese Zeit: »Mein Vater war damals Eigner des nationalen 75-qm-Kreuzers ›Inge VII‹ mit Liegeplatz in Potsdam und am Wannsee. Wir drei Söhne durften gelegentlich als ›Vierter‹ mit Regatta segeln und bei Erfolg anschließend im Club soviel Pflaumenkuchen mit Sahne essen, wie wir wollten. Eines Tages wurde mein Vater von seinem Potsdamer Clubfreund Dr. Wallich gefragt, ob er wohl sozusagen als Sparringspartner im Rahmen der Olympiavorbereitungen gegen die brandneue ›Germania III‹ segeln wolle. Er wollte – und wenig später bat ihn Herr Krupp, die Yacht in den Qualifikationsregatten und bei der Segelolympiade in Kiel zu übernehmen.«

Noch zu Beginn der letzten Regatta bei den Wettbewerben um Gold, Silber und Bronze lag die ›Germania III‹ in Führung, der Sieg in greifbarer Nähe. Doch die Crew mit Alfried Krupp, Felix Scheder-Bieschin, Dudi Mohr, Peter Bischof, Dr. Otto Wachs und Hans Howaldt hatte Pech: Das Boot blieb beim letzten Rennen in einem Flautenloch hängen und mußte die Konkurrenz an sich vorbeiziehen lassen, unter anderem auch das italienische Boot, das dann Gold gewann. Norwegen und Deutschland lagen punktgleich und segelten für sich allein eine Ausscheidungsregatta. Bei starkem Wind brach der ›Germania III‹ ein Steg: Norwegen sicherte sich Silber, die deutsche Crew den dritten Platz.

Im Winter 1936/37 kaufte Hans Howaldt das Olympiaboot und ließ es fürs Tourensegeln umbauen – mit erweitertem Kajütenaufbau und einer zusätzlichen Hundekoje. Für die Spiele 1940 ließ Krupp eine ›Germania IV‹ entwerfen und auch noch bauen – der Krieg machte jedoch alle Pläne zunichte. ›Inge VIII‹ alias ›Germania II‹ wurde 1945 im Winterlager in Potsdam angezündet, ›Rasmus II‹ alias ›Germania III‹ unter abenteuerlichen Umständen von Potsdam nach West-Berlin geholt.

Unter dem traditionsreichen Rennstander des roten Raubvogels mit blauem Spruchband ›Cave Grypem‹ (›Hüte dich vor dem Greifen‹) segelte zehn Jahre nach dem Kriege wieder eine ›Germania‹. Alfried Krupp bestellte sie dort, wo schon sein Vater die 8-Meter-Yachten hatte bauen lassen. Ursprünglich war die ›Germania V‹ auf Wunsch von Henry Rasmussen als Tourenschiff konzipiert worden. Doch schon bald nach Indienststellung im Jahre 1955 begann sie Regatten zu segeln, unter anderem 1960 ein Rennen quer über den Atlantik, das sie mit dem dritten Platz beendete und dafür sorgte, daß die internationale Seglerwelt die Deutschen wieder beachtete. Unter dem Namen ›Nordsee‹, doch immer noch mit einem traditionellen ›Krupp-Grün‹ gestrichenen Rumpf ist sie heute noch das Flaggschiff des ›Deutschen Hochseesportverbandes Hansa‹. Alfried Krupp hatte die Yacht 1963 dieser Ausbildungsorganisation für junge Segler in Glücksburg geschenkt.

Die sie ein Jahr später ersetzende heutige ›Germania VI‹ war erneut das Ergebnis einer Pioniertat. Mit einer Länge von etwas mehr als 22 Metern war sie damals das größte in Aluminium geschweißte Schiff – heute neben formverleimtem Holz das begehrteste Material für Rennyachten. Als Regattaboot gewann das mit allen Finessen der Segelboottechnik ausgerüstete Boot ansehnliche Preise. So war das nunmehr von Skipper Hans Viktor Howaldt geführte Schiff im Jahre 1965 die erfolgreichste Kreuzer-Yacht der Kieler Woche, belegte es bei Rennen im Ausland wiederholt vordere Plätze. Auch wenn es heute noch in vielen wichtigen Regatten an den Start geht – Siege und Placierungen sind zur Nebensache geworden. Denn die ›Germania VI‹ fährt als Ausbildungsboot für junge Amateursegler. In den zurückliegenden zwei Jahrzehnten haben mehrere tausend Segler auf den Planken der Krupp-Yacht kostenlos ihren letzten Schliff erhalten.

Die Besatzungsstärke des Schiffes, dessen Bau- und Erhaltungszustand dank der Voraussicht der Eigentümer auch heute noch so ist, als wäre die Yacht erst gestern von der Werft geliefert worden, liegt bei 15 bis 19 Personen, überwiegend junge Leute ab 15 Jahren aufwärts. Wolfgang Paul, Skipper der ›Germania VI‹ und Justitiar des Deutschen Seglerverbandes, betont mit berechtigtem Stolz: »Es gibt unter den seegehenden Regattayachten kaum ein Fahrzeug, zu dessen Besatzung nicht auf der ›Germania VI‹ ausgebildete Segler gehören.« Und Berthold Beitz ergänzt: »Wir sind stolz, heute jungen Menschen mit Liebe zur See im Sinne von Alfried Krupp eine solide Grundausbildung zu vermitteln, ohne die es nun einmal nicht geht.«

Das ›weiße Gold‹ aus der Hohen Stadt am Maine

Hoechst AG – Dresdner Bank AG

Hoechst – das heißt Kunststoffe und Pharmazeutika, Chemikalien und Farbstoffe, Fasern und Lacke.

Dresdner Bank – das heißt Einlagen und Kredite, Zinsen und Überweisungen, Wechsel und Termingelder.

Zwei Unternehmen – ein Konzern, eine Großbank, die vor mehr als 100 Jahren ihre Aktivitäten starteten und sich aus kleinsten Anfängen heraus zu Häusern mit Weltgeltung entwickelten.

Auch wenn sie in ihrem Alltagsgeschäft kaum etwas verbindet, so sind die Hoechster und die Dresdner mit Recht stolz auf ein gemeinsames Engagement fernab von ihren herkömmlichen Aufgabengebieten: Ihr kulturhistorisches Interesse hat die beiden Häuser eine Ehe schließen lassen, die sich ›Höchster Porzellanmanufaktur GmbH‹ nennt – ein repräsentatives Aushängeschild fernab von Pharmazeutika und Fasern, Krediten und Wechseln.

Die Begeisterung und die Freude vieler Menschen an dem festen und doch so leicht zerbrechlichen Material Porzellan hat in den mehr als 400 Jahren seit seiner europäischen Geburtsstunde nie aufgehört. Im Gegenteil: Selbst in einer Zeit neuer Werkstoffe ist das ›weiße Gold‹ aus dem modernen Leben nicht wegzudenken. War Porzellan einst nur ein Privileg der Adligen und Reichen, so haben die Industrialisierung und die damit verbundene Massenproduktion zu einer ›Demokratisierung‹ dieser ehemaligen Luxusartikel geführt.

Auch wenn Porzellan mittlerweile auf jedem Tisch steht, so bleibt auch heute noch eine Besonderheit dem etwas stärker gefüllten Geldbeutel vorbehalten: Das Manufaktur-Porzellan, das im Gegensatz zur industriell produzierten Ware reine Handarbeit ist. Die Höchster Porzellanmanufaktur ist eine der wenigen in Europa, die mit ihren traditionsgebundenen Arbeiten den Liebhabern dieser Porzellanrichtung kleine Kostbarkeiten von besonderem Wert präsentiert.

Hier in der ›Hohen Stadt am Maine‹, flußabwärts bei Frankfurt gelegen, gibt es weder Kaolin noch Quarz oder Feldspat. Wenn dieser Ort 1746 dennoch zur Geburtsstätte der dritten europäischen Porzellanmanufaktur wird, so ist das neben einem glücklichen Zufall der verkehrsgünstigen Lage des Städtchens zu verdanken: An einer der meistbefahrenen Straßen Deutschlands, nur eine Stunde von Frankfurt entfernt, auf der Güterwagen mit rund 150 Zentnern beladen und von 16 bis 18 Pferden gezogen verkehren, und am Main gelegen, auf dem zwischen Frankfurt und Mainz zwei Marktschiffe fahren, die regelmäßig hier Station machen. Dieser Lage hat es Höchst zu verdanken, daß es schon früh ins Licht der Geschichte tritt.

Mit dem Thema Fayence und Porzellan wird die Stadt Mitte des 18. Jahrhunderts konfrontiert, als der aus Meißen stammende Porzellanmaler Adam Friedrich von Löwenfinck das sorgsam gehütete Geheimnis zur Herstellung von Porzellan nach einigen Umwegen ins kurmainzische Höchst entführt. Die Frankfurter Kaufleute Johann Christoph Göltz und Felician Clarus erhalten dort am 1. März 1746 vom Kurfürsten zu Mainz das Privileg für die Gründung einer Porzellanmanufaktur. Neben dem wirtschaftlichen Erfolg erhofft man sich in Mainz, daß der Sitz einer ›Porcellainefabrique‹ im Kurstaat dem Fürstenhof zusätzlich Ansehen und Glanz verleihe und ihn als Förderer von Kunst und Wissenschaft ausweise.

Schon wenige Wochen nach der Gründung der Manufaktur berichtet der Frankfurter Kaufmann Stöcklein, der Meißner Porzellan vertrieb, aufgeregt an den Hof in Dresden: »Apropos als etwas ganz Neues, oder ist's vielleicht schon bekannt, daß in dem zwei Stunden von hier an dem Main-Fluß liegenden Städtlein Höchst eine neue Porcelaine Fabrique errichtet werden soll. In dem Schloße wird alles placieret, die Öfen sind zum Teil fertig. Brenner, Former, Maler, Bildhauer und von der gleichen Leute über 60 Mann beisammen. Man hat die erste Probe gemacht, und wie man mich beredet, sehr glücklich. Der Principal verspricht das Porcelaine in Schönheit, Qualität und Preis der Königlichen Fabrik (Meißen) wenigstens gleichzustellen. Man wird das neue Porcelaine ›das chur maintzliche‹ benennen. Mit einem Wort, wenn die Rechnung richtig, so wird der Dresdner Porcelaine-Handel von hier und hiesige Gegend ein Ende haben. Mithin wird alles verdorben sein.«

Nach anfänglichen Schwierigkeiten – zunächst verläßt nur Fayence und nicht das begehrte Hartporzellan den Ofen –, Streit und Wechsel in der Geschäftsführung folgen im Jahre 1750 die ersten gelungenen Porzellanbrände. Dieser Erfolg setzt sich fort: Berühmte Modelleure wie Johann Gottfried Becker, Simon Feilner, Johann Rupel und ganz besonders Laurentius Russinger und Johann Peter Melchior und schließlich Karl Ries schaffen in Höchst neben erlesenem Gebrauchsgeschirr kostbare Tafelaufsätze, Prunkvasen und Figuren. Melchior muß als der bedeutendste Skulpteur der Manufaktur angesehen werden, dessen Kinderfiguren, mythologische und allegorische Werke am bekanntesten sind.

Doch das wirtschaftliche Ergebnis hält mit dem künstlerischen Erfolg nicht Schritt. Das Unternehmen ist ständig verschuldet. Und nachdem ihm der kurfürstliche Hof mit seiner Flucht vor den anrückenden Truppen der Französischen Revolution nach Aschaffenburg den finanziellen Rückhalt entzieht, erlöschen rund 50 Jahre nach der Gründung die Brennöfen im Höchster Porzellanhof. Die Manufaktur, die Meisterwerke des Rokokos, des Naturalismus und des Klassizismus hervorgebracht hatte, kommt unter den Hammer. Dennoch bleibt dem Kurstaat eine Schuldenlast von 57312 Gulden, die nicht aus dem Versteigerungserlös gedeckt werden kann.

Erst 1840 findet sich wieder ein Interessent, der in Damm bei Aschaffenburg mit den alten Höchster Formen Figuren in Steingut erstellt. Um 1905 landen die Formen in Passau, wo bis 1940 Ausformungen erfolgen. Deshalb unterscheidet man im Antiquitätenhandel zwischen echten Höchster, Dammer und Passauer Ausformungen. Nach 1950 sind die Formen bei Frankenthal vernichtet worden.

Nach der für die damaligen Verhältnisse glanzvollen Zweihundertjahrfeier der Höchster Porzellanmanufaktur am 24. März 1946 ergreift ein Kenner dieses Metiers, Dr. Rudolf Schäfer, die Initiative zur Neugründung, die ein Jahr später dann auch mit Fachleuten aus dem Sudetenland erfolgt. Doch 1963 wird das Unternehmen nach einigen Jahren unter wechselnder Leitung wieder eingestellt. Zwei Jahre später, im Dezember 1965, startet das Frankfurter Privatbankhaus Koch, Lauteren & Co. die zweite Wiederbelebung der Manufaktur. 1971 gesellt sich die Hoechst AG hinzu, und fünf Jahre später übernimmt die Dresdner Bank AG die Anteile der Privatbank. Der bescheidene Neubeginn in einem Hinterhaus in Bad Nauheim und die Übergangslösung in einem ehemaligen Ladenlokal in Frankfurt-Unterliederbach haben ihren Abschluß im 1977 bezogenen, restaurierten Dalberghaus gefunden, einem städtischen Adelssitz aus dem 16. Jahrhundert in Frankfurt-Höchst.

Wie arbeitet die Manufaktur in Anlehnung an die Tradition

vergangener Jahrhunderte heute? Der Modellmeister beschafft sich seine Vorlagen aus Museen oder Sammlungen. Danach gestaltet er in monatelanger Arbeit originalgetreu das Urmodell, eine Arbeit, die neben größtem handwerklichem Können besonderes Einfühlungsvermögen in die Schöpfungen des 18. Jahrhunderts erfordert. Bei der Ausarbeitung muß er beachten, daß er sein Modell um etwa 17 Prozent größer anlegt, denn das rohe Porzellan schrumpft später durch Trocknung und im Brand.

Hat eine Figur zum Beispiel, die aus mehreren Einzelteilen zusammengesetzt werden muß, nach verschiedenen Brennvorgängen ihre Härte und ihren Glanz erhalten, haben die kleinen Pinsel der Maler das Wort. Zwar ist echte Handmalerei auf Porzellan in einer Zeit der rationellen, schablonenhaften Dekorationstechniken selten geworden, für eine Manufaktur wie Höchst jedoch Verpflichtung. Ihren schöpferischen Ursprung hat die überwiegend traditionsgebundene Höchster Malart in der zweiten Hälfte des 18. Jahrhunderts – dem Rokoko und dem beginnenden Klassizismus. Die damals geschaffenen klassischen Dekors sind die Grundlage des heutigen Fertigungsprogramms. Staffagen, Ornament- und Flächendekorationen werden getreu den alten Vorbildern kopiert.

Dagegen liegt der Blumenmalerei die herkömmliche Kompositionsart und Farbstimmung zugrunde. Die Auswahl der Blumen und die Farbkomposition bleiben dem künstlerischen Empfinden des Malers überlassen. Ein genaues Blumenstudium und immer wiederkehrendes Malen von Blumen nach der Natur ist erforderlich, um den Künstlern ständig neue Anregungen zu vermitteln. Die mehr als 30 Maler, die zum Teil als Angestellte im Dalberghaus, zum Teil auf Honorarbasis in Heimarbeit für die Manufaktur tätig sind, müssen bei der Dekoration aber auch daran denken, daß ihre Arbeit allein dazu dient, den edlen Charakter des Werkstoffes Porzellan noch stärker zur Geltung zu bringen. Um diese individuelle Malerei auch künftig sicherstellen zu können, legt man bei Höchst großen Wert auf die Ausbildung junger, künstlerisch begabter Menschen. In der dreijährigen Grundausbildung kristallisiert sich schon bald die spezielle Eignung des einzelnen heraus. Erst nach rund acht Jahren erlangt die junge Fachkraft die erforderliche Berufsreife.

Alle Speise- und Kaffeeservice der Manufaktur haben trotz ihrer unterschiedlichen Entstehungsgeschichten den Charme des kultivierten und farbenfreudigen 18. Jahrhunderts eingefangen. Heute schmücken diese Service, in denen sich Tradition und Ästhetik verbinden und deren Originale einst auf den Tafeln von Kurfürsten, Kaufleuten, Kommerzienräten, reichen Bürgern, Ratsherren und Hofräten standen, wieder die Tische von Freunden und Liebhabern schönen Porzellans. Ihren exklusiven Zeitgeschmack müssen sie sich allerdings etwas kosten lassen: 2000 bis 9000 Mark für ein Kaffeeservice, 8000 bis 21000 Mark für ein Speiseservice, das jährlich lediglich rund ein dutzendmal produziert wird.

Porzellanfiguren stehen häufig auf einem schmalen Grat zwischen Kunst und Kitsch. Unter Porzellanfreunden endet der Streit über Geschmack jedoch meist dann, wenn es sich um Figuren handelt, die den Stücken der großen Modellmeister des 18. Jahrhunderts originalgetreu nachgebildet sind. Zu den bedeutendsten Künstlern, die vor 200 Jahren in Höchst arbeiteten, gehören Laurentius Russinger und Johann Peter Melchior, der eines seiner bekanntesten Werke um 1775 entstehen ließ – die ›Türkische Kapelle‹. Die Höchster Figuren der neuen Manufaktur werden nach den altbewährten Grundsätzen des 18. Jahrhunderts gefertigt, da sie von Kennern und Liebhabern an dem hohen Qualitätsmaßstab der Originale in Museen und Sammlungen gemessen werden. Einen besonderen Wert erhalten diese neuen Porzellankostbarkeiten noch durch ihre Einmaligkeit. Denn wie bei allen handgemalten Stücken fällt jedes Motiv ein wenig anders aus, da der Künstler beim Bemalen seine Freiheit im Detail hat.

Heute blickt die Höchster Porzellanmanufaktur mit ihren rund 50 Beschäftigten vertrauensvoll in die Zukunft, auch wenn im Fachhandel nur 20 Prozent des Gesamtumsatzes erzielt werden. Das Geschäft mit kleinen und großen Firmen, die Höchster Porzellan als Geschenk in alle Welt versenden, garantiert dagegen weitaus stärker die langfristig gute Chance, auf dem kleinen Markt der großen Porzellankunst bestehen zu können. Und für so manch einen Kapitalanleger ist das ›weiße Gold‹ aus Höchst mit dem Markenzeichen der Manufaktur, dem kurfürstlichen Rad aus dem Wappen der Stadt Mainz, eine willkommene, lukrative Alternative zum gelben Gold. Damit sich auch weniger begüterte Porzellanfreunde einen ›Hauch von Höchst‹ gestatten können, bietet die Manufaktur neuerdings auch Miniaturausführungen größerer Teile an, die – handgemalt und traditionswahrend – ins Gesamtkonzept des Hauses passen. Ein Haus, dem es mit Hilfe von zwei kulturhistorisch engagierten Großunternehmen gelungen ist, in einer schnellebigen Zeit eine alte und weltberühmte Tradition neu zu beleben.

Das blaue F des Herzogs Carl

Norddeutsche Landesbank Girozentrale (NORD/LB)

Sie ist eine der jüngsten und dennoch eine der ältesten deutschen Banken, die Norddeutsche Landesbank Girozentrale, kurz NORD/LB. Sie entstand im Jahre 1970 aus der Fusion der Niedersächsischen Landesbank mit der Braunschweigischen Staatsbank (gegründet 1765 als Herzoglich Braunschweig-Lüneburgische Leihhausanstalt), der Hannoverschen Landeskreditanstalt und der Niedersächsischen Wohnungskreditanstalt-Stadtschaft. Die NORD/LB, das ist eine national und international ausgerichtete Geschäftsbank, eine Regionalbank mit mehr als 200 Niederlassungen, die Zentralbank der Niedersächsischen Sparkassen und die Hausbank des Bundeslandes Niedersachsen.

Das Institut, das Ende 1982 eine Bilanzsumme von mehr als 54 Milliarden Mark auswies und mit rund 4600 Mitarbeitern zu den größten Arbeitgebern in Niedersachsen zählt, beschäftigt sich jedoch nicht nur mit Schuldverschreibungen, Verbindlichkeiten oder Forderungen: Bei der Fusion hat die NORD/LB unter anderem das größte deutsche Vollblutgestüt Harzburg und die Fürstenberg Ehemalige Herzoglich Braunschweigische Porzellanmanufaktur ›geerbt‹ – zwei Engagements, die von der hundertprozentigen Bank-Tochter Braunschweig GmbH betreut werden.

Es war schon kein alltäglicher Entschluß, den der Herzog Carl I. von Braunschweig da am 11. Januar 1747 kundtat: Eine Porzellanmanufaktur sollte her! Ein Entschluß, der als ein ungewöhnliches Wagnis erschien, der beim zweiten Hinsehen jedoch schon eher verstanden wurde. Der Herzog hatte diese Einrichtung in den Rahmen eines umfangreichen Entwicklungsplanes gestellt, der zur Förderung von Wirtschaft und Gewerbe im Gebiet der braunschweigischen Weserforsten auch die Verwertung des Holzüberflusses im Waldgebiet des Solling zum Ziel hatte. Begünstigt wurde das Vorhaben außerdem durch die Möglichkeit, einen großen Teil der zur Herstellung von Porzellan benötigten Erden und Materialien im eigenen Land zu gewinnen sowie durch die Aussicht, den Bürgern in dieser Region einen neuen Erwerbszweig anzubieten.

Gesagt, getan: Herzog Carl, der die Manufaktur nicht als ›notwendiges Attribut des Glanzes und der Würde‹ verstanden wissen wollte, sondern als Bestandteil eines sorgfältig vorbereiteten Planes zur wirtschaftlichen Entwicklung seines Landes, übergab sein altes Jagdschloß in Fürstenberg an der Weser einer neuen, zukunftsweisenden Bestimmung. Von nun an residierte die Porzellanmanufaktur Fürstenberg in den betagten Gemäuern, die bereits um 1350 zum Schutz welfischen Besitzes herhalten mußten, herrschte hier in dem hoch über der Weser gelegenen Anwesen der Geist des Forschens und der künstlerischen Gestaltung.

Der herzoglich braunschweigische Hofjägermeister Johann Georg von Langen, der wirtschaftliche Zusammenhänge schnell erkannte und sich aufgrund des gegebenen Umfelds stark für die Gründung einer Porzellanmanufaktur engagierte, übernahm denn auch mit Geschick und Umsicht diese verheißungsvolle unternehmerische Aufgabe. Zusammen mit seinen ersten ›Fabrikanten‹, wie die Dreher, Former und Maler der Manufaktur genannt wurden, widmete sich der Herr Direktor Langen zunächst den technischen Einrichtungen sowie der Gewinnung und Erprobung der zur Porzellanherstellung benötigten Materialien. Das neu erbaute Laboratorium hinter dem Schloß war Schauplatz unermüdlicher Versuche Langens zur Herstellung der Porzellanmasse. Rund drei Jahre vergingen, ehe sämtliche Hürden auf dem Weg zum ›weißen Gold‹ übersprungen waren. Am 29. Januar 1750 dann der erste größere Brand. Beatrix Freifrau von Wolff Metternich erinnert in dem Brevier ›Fürstenberg Porzellan‹ an diese Zeit: »Die eingesetzten Stücke kamen zwar durchsichtig, stark und fest gebrannt aus dem Ofen, aber in den Bränden der Jahre bis 1753 wurden immer neue Zusammensetzungen erprobt, da die Qualität des Scherbens noch nicht zufriedenstellend war. Erst die Versuche mit dem Arkanum des ›Virtuosen‹ Johann Kilian Benckgraff aus Höchst, den Langen im Mai 1753 in Fürstenberg einstellte, brachten den gewünschten Erfolg.«

Die Freude über das gelungene Produkt, das nun aus den Brennöfen kam, war groß. Am 3. Dezember 1753 verfügte Herzog Carl: »Auch finden Wir gut, daß ein F zum Zeichen auf die verfertigende Porcellain Waaren gesezet werde.« Seither dient das unterglasurblaue F als Firmenzeichen der Manufaktur.

Die guten Brennergebnisse und das Gefühl, auf dem richtigen Weg zu sein, gaben den ›herzoglichen Newcomern‹ künstlerischen Auftrieb. Innerhalb weniger Jahrzehnte entstanden Formen und

Dekore in unübersehbarer Vielfalt. Bereits vor dem Siebenjährigen Krieg (1756–1763) waren 107 ›Fabrikanten‹ in Fürstenberg engagiert. Alten Aufzeichnungen zufolge sollten einhundert Brände im Jahr etwa 20000 Stück Porzellan erbringen. 1758 konnte die Manufaktur nach den Worten Langes »ins Große betrieben« werden, was vor allem seinen Kenntnissen, seinem Organisationstalent und seiner Ausdauer zu verdanken war. Als Langen Fürstenberg im Jahre 1762 verließ, waren die Erzeugnisse bereits weit über die Landesgrenzen hinaus bekannt.

Zahlreiche Künstler hatten sich in diesen Startjahren ein Stelldichein ›auf dem Fürstenberg‹ gegeben. Die bedeutendste Persönlichkeit der Frühzeit war Simon Feilner, der hier von 1753 bis 1768 das künstlerische Niveau der Manufaktur bestimmte. Seine begnadeten Hände schufen Figurengruppen wie die ›Commedia dell'arte‹ und die ›Große Bergbande‹, aber auch eigenwillige Einzelplastiken wie den ›Auerochs‹ und den ›Taubenpfeiler‹. Überaus lebendig und ausdrucksvoll bemalt, hat sich der Reiz der Gestaltung bis heute bestätigt. So werden von Auktionen immer wieder hohe Notierungen für besonders kostbare Stücke benannt. Im Jahre 1962 wurde zum Beispiel für die einzig vollständige Originalgruppe der ›Commedia dell'arte‹ im Londoner Auktionshaus Sotheby ein Preis von 180000 Mark erzielt. Bei Versteigerungen in den letzten Jahren mußten für eine alte Figur dieser Gruppe stolze 35000 Mark auf den Tisch geblättert werden. Aus falsch verstandenem Rationalisierungsstreben sind die Originalformen früher einmal den steilen Berg zur Weser hinuntergekippt worden . . .

Zurück zum 18. Jahrhundert: Die Kriegsjahre hatten zwar auch in Fürstenberg Scharten geschlagen, ohne jedoch zu vernichten. Zu Beginn der siebziger Jahre zeichnete sich sogar ein wirtschaftlicher Aufschwung ab, der aus neuen künstlerischen Impulsen resultierte. So entwickelte sich Johann Christof Rombrich zu einem bedeutenden Formgestalter – die Liste seiner Modelle umfaßt 110 verschiedene Namen! Von besonderer Schönheit ist eine Geschirrform, die noch heute unter dem Namen ›Solitude‹ erhältlich ist. Rombrich hat außerdem die figürliche Plastik zu beleben versucht und unter anderem mit Büsten und Medaillons der herzoglichen Familie eine Tradition eingeleitet, die noch in das 19. Jahrhundert hineinreichen sollte. Auf diesem Spezialgebiet begründete Fürstenberg eine wohl einmalige Produktion. Doch es waren nicht allein die Formgestalter, die den Ruf Fürstenbergs bestimmten. Es wäre unverzeihlich, ließe man die Maler außer acht, die sich in Ausbildung und Begabung nach Landschafts-, Blumen-, Figuren-, Vogel- und Blaumalern unterschieden.

Um die Wende zum 19. Jahrhundert bedurfte die ergiebige Verspieltheit des Rokoko einer zwingenden Erneuerung. »Wenn Fürstenberg damals das traurige Schicksal anderer Manufakturen, die schließen mußten, erspart blieb, verdankt es dies vor allem dem Franzosen Louis Victor Gerverot. Sein verzweigter Lebensweg hatte ihn bereits 1767 als Maler an die Weser geführt. Fast drei Jahrzehnte später kehrte er, reich an keramischer Erfahrung, zurück, um ab 1797 als ›Intendant‹ der Manufaktur vorzustehen. Sein Sinn für technische Verbesserungen und sein untrügliches Gefühl für den sich anbahnenden Stilwandel waren für den Fortbestand der Manufaktur entscheidend«, wirft Hans-Joachim Beyer, Geschäftsführer der Porzellanmanufaktur Fürstenberg, einen Blick zurück.

Einfachheit und Klarheit bestimmten die Formgebung des Empire. Es war ein glücklicher Umstand, daß Fürstenberg diese Entwicklung wirkungsvoll aufgenommen und eigenständig fortgeführt hat. »Daß es darüber hinaus Gerverot vergönnt war, persönliche Kontakte zu Napoleons Bruder, dem in Kassel residierenden Jérôme, zu knüpfen und für die Damen des Hofes höchst willkommene Kreationen beizusteuern, hat der Manufaktur sogar vorübergehend das Attribut ›königlich‹ beschert«, merkt Beyer an. Künstlerisch wurde – wenn auch nur für kurze Zeit – eine neue, belebende Phase eingeleitet. Ein noch immer gültiges Zeugnis ist hierfür die Geschirrform ›Empire‹.

Der Beitritt Braunschweigs zum deutschen Zollverein und der 1853 abgeschlossene preußisch-österreichische Handelsvertrag wirkten sich nachteilig auf die wirtschaftlichen Verhältnisse der Manufaktur aus, da sich bald die Konkurrenz billigerer Fabrikate bemerkbar machte. Bereits 1855 stellten sich Verluste ein. Im Jahre 1859 verpachtete die Herzoglich Braunschweig-Lüneburgische Kammerdirektion der Bergwerke, der die Manufaktur unterstand, das Unternehmen an den Kaufmann Georg Friedrich Schmidt und den Faktor Johann Carl Proessel auf 99 Jahre. Bereits zwei Jahre später übernahmen Kaufmann Wilhelm Freytag und Porzellanfabrikant Heinrich Witte die Manufaktur – mit Erfolg. Die Umstellung auf neue Formen und Dekore erwies sich als wirtschaftlich erfolgreich. Der starke Wettbewerb und die notwendigen Investitionen in die technischen Einrichtungen machten den wiederholt wechselnden Pächtern jedoch immer größere Probleme.

Nachdem das Unternehmen im Jahre 1888 in eine Aktiengesellschaft umgewandelt worden war, der Fortbestand der Manufaktur aber auch weiterhin in Frage gestellt blieb, gelang es zu Beginn dieses Jahrhunderts dem neuen Mann an der Spitze, Johann Kruse, den Betrieb zu sanieren, neue technische Einrichtungen zu schaffen, verschiedene Betriebszweige zu erweitern und das künstlerische Personal aufzustocken. 1918 erwarb Fürstenberg das Haus Cottaerstraße 3 in Dresden und eröffnete dort eine Malereiwerkstatt als Zweigbetrieb. Diese Niederlassung war ein wesentlicher Bestandteil der Kunstabteilung und existierte 16 Jahre, ehe nach einer Straffung des historischen Manufakturprogramms alle Dekorationszweige wieder an der Weser vereinigt wurden.

Im Jahre 1966 wurde die Porzellanmanufaktur in eine GmbH umgewandelt, an der sich die frühere Braunschweigische Staatsbank, die später zur NORD/LB fusionierte, mehrheitlich beteiligte, vor allem aus kulturhistorischen Erwägungen: Fürstenberg ist die einzige Porzellanmanufaktur in Niedersachsen, zugleich die älteste bestehende bundesweit. Der Manufaktur obliegt außerdem die Erhaltung des Schlosses Fürstenberg, das unter Denkmalschutz steht. Dies bedeutet erhebliche finanzielle Aufwendungen.

Mehr als zwei Jahrhunderte war in dem Schloß die Produktion etabliert. Nachdem im Jahre 1972 eine neue Produktionsstätte in Betrieb genommen wurde, dient es heute ausschließlich als Museum. Die eindrucksvolle Porzellanausstellung in den alten Gemäuern hinter der wieder freigelegten Weserrenaissancefassade, die jährlich mehr als 100000 Besucher anlockt, beherbergt nicht nur kostbare Museumsbestände, sondern vermittelt auch technische Informationen über die Herstellung von Porzellan und liefert mit der Sonderschau ›Der gedeckte Tisch‹ einen interessanten Beitrag.

Neun Geschirrformen zählt die Kollektion der Manufaktur, die rund 450 Mitarbeiter beschäftigt. Bis auf eine Ausnahme handelt es sich bei diesem aktuellen Angebot nur um Stilformen und solche, die stilistischen Vorbildern der Manufaktur entlehnt sind. Zur Wiederbelebung alter Formen, die alle Stilepochen berücksichtigen, tragen Museumsbestände und noch vorhandene Originalmodelle bei. Das Lieferprogramm, das den derzeit betont traditionellen Geschmack der Konsumenten anspricht, ist vorwiegend auf den Fachhandel im In- und Ausland ausgerichtet.

Auch wenn Fürstenberg bei einem Teil der Produktion ein Zugeständnis an moderne Fertigungsmethoden gemacht hat – das blaue F des Herzogs Carl, das sich im Laufe der Jahrhunderte

wieder ein eigener Rennstall unterhalten. Herzog Wilhelm von Braunschweig hatte im Jahre 1844 einen ersten Versuch gestartet, der aber im Revolutionsjahr 1848 gestoppt wurde. In der Folgezeit – bis zur Pachtung durch Freiherr von Lyncker, der in den zwanziger Jahren einen kleinen Rennstall unterhielt, über einen vielversprechenden Start jedoch nicht hinauskam – züchtete Harzburg nur für den Markt. In der dritten Periode eines Harzburger Rennstalls, die auch heute noch erfolgreich andauert, gewannen die Träger der blau-gelben Gestütsfarben von 1950 bis 1982 rund 350 Rennen und weit mehr als zwei Millionen Mark. Alle in Harzburg gezogenen Pferde galoppierten in diesen gut drei Jahrzehnten fast vier Millionen Mark zusammen. Daraus geht klar hervor, daß auch jetzt noch ein reger Verkauf ab Stall stattfindet.

Drei Jahrzehnte, von denen Landstallmeister a. D. Dr. Wilhelm Uppenborn fast 13 Jahre als Gestütsleiter bestimmte, einer der profiliertesten Hippologen hierzulande, der aus reichhaltigster fachmännischer Erfahrung schöpfen konnte. In Harzburg erlebte der studierte Landwirt nach Tätigkeiten unter anderem in den Pferdezuchten besonders von Ungarn und Irland, seiner Arbeit in der preußischen Gestütsverwaltung, als Landstallmeister und Leiter der Landgestüte Osnabrück und Rastenburg sowie nach dem Krieg als Motor der Pferdezucht und der Reitervereine in Hessen-Nassau die Krönung seines Lebens mit den Pferden. Durch Vertrauen und Verständnis, das die damalige Braunschweigische Staatsbank (eines der Vorgängerinstitute der NORD/LB) 1966 bei der Übernahme der landeseigenen Niedersachsen GmbH und damit auch des Vollblutgestütes Dr. Uppenborn entgegenbrachte, wurde der Grundstein für die weitere Aufwärtsentwicklung in Harzburg gelegt. In Bündheim wurden Ausbildung und Forschung in der Vollblutzucht von nun an noch größer geschrieben. Eine enge Kooperation mit der Tierärztlichen Hochschule Hannover machte Uppenborns Anliegen deutlich, eine erfolgreiche Zukunft der deutschen Vollblutzucht sicherzustellen.

Die Fachwelt ist sich darüber einig, daß Uppenborn das Vollblutgestüt Harzburg reorganisiert hat, sei es bezüglich der Haltung, Fütterung oder Weidebewirtschaftung. Ein Weg, den sein Nachfolger an der Spitze des Gestüts, Gustav Klotz, übernommen hat und bis zum heutigen Tag einhält. Die Ruhe und Geborgenheit, die die wohlgehütete Herde ausstrahlt, stehen stellvertretend für das gesamte Anwesen an den westlichen Abhängen des Harzes, das mit einem Koppelbestand von rund 300 Morgen und weiteren

150 Morgen Wiesen zu den größten deutschen Vollblutgestüten zählt.

Die großzügigen und praktischen Stallgebäude sind harmonisch über das Gelände verteilt. In ihrer Fachwerkarchitektur bieten sie nicht nur einen sehenswerten Anblick, sondern auch ideale Voraussetzungen: Im Sommer sind sie kühl, im Winter warm. Die Keimzelle des Gestüts stellt der große Hof dar, an dessen Einfahrt das große Niedersachsen-Fachwerkhaus, heute Wohnsitz des Gestütsleiters, mit seinem mehrstöckigen Speicher und Heuboden einen ersten imposanten Eindruck vermittelt. Im langgestreckten großen Hauptstall, der 1828 errichtet wurde und 38 Boxen umfaßt, stehen die Beschäler Kronenkranich und Lombard, zwei der ganz großen Namen der deutschen Vollblutszene, mitten unter ihren Partnerinnen. Keine Unruhe, kein lauter Ton – die Harmonie zwischen den Hengsten und Stuten ist ›unüberhörbar‹. Hier unter diesem langen Dach werden auch die meisten Fohlen geboren, die erst nach einigen Wochen mit ihren Müttern in andere Ställe umziehen – raus aus dem Wochenbett, rein in die ›Laufställchen‹, die – über das gesamte Gelände verteilt – in enger Anlehnung an die Koppeln zu finden sind, was kurze Wege bedeutet.

»Ein vom Renngeschehen abseits gelegenes Gestüt braucht eben Anziehungspunkte«, begründet Gestütsleiter Klotz die Sprung-Aktivitäten seiner beiden Deckhengste Kronenkranich und Lombard, die pro Decksaison etwa 80 Vollblutstuten befruchten, pro Liebesakt 6000 Mark für Kronenkranich, gar 7000 Mark für Lombard, der übrigens nicht deshalb erworben wurde, weil sein Name zufälligerweise eine Verbindung zu dem eigentlichen Geschäft der NORD/LB herstellt. Die aus dem gesamten Bundesgebiet und dem benachbarten Ausland von ihren Züchtern angemeldeten Stuten bleiben solange in Harzburg, bis ihre Trächtigkeit festgestellt ist. Darüber vergehen etwa drei Monate, bis sie wieder in ihren heimatlichen Stall zurückkehren. Wenn der Geburtstermin naht, geht es wieder zurück an den Ort des Geschehens, denn gefohlt wird hier.

Trotz des zweimal zum ›schönsten Pferd des Jahres‹ gewählten Kronenkranich und trotz Lombard denken die zwölf Gestütsmitarbeiter und zahlreiche Freunde des Pferdesports mit Wehmut an die Jahre zurück, in denen der einstige Derbysieger Luciano, der übrigens zweimal zum ›schnellsten Pferd des Jahres‹ gekürt wurde, das Aushängeschild Nr. 1 des Gestüts war. 1981 hat sich der Deckhengst im Alter von 17 Jahren in den Pferdehimmel verabschiedet. Auf dem Gestütshof erinnert man sich noch genau an den 15. Oktober 1968, als Harzburg plötzlich in den Blickpunkt der deutschen Vollblutzucht rückte. An diesem Tag gelang es Dr. Uppenborn, der die entscheidenden Herren der NORD/LB hinter sich wußte, Luciano für knapp eine Million Mark gegen harte Konkurrenz aus England und den Vereinigten Staaten für Harzburg zu sichern. Der absolute Star der Rennzeiten 1967 und 1968 hatte bei 14 Starts zehn Rennen gewonnen und wurde mit einer Gewinnsumme von fast 600000 Mark zu einem der erfolgreichsten hierzulande trainierten Rennpferde. Seine Triumphe setzte er im Stall fort: Von den 31 Stuten, die ihm in der ersten Deckzeit zugeführt wurden, machte er – bis auf zwei Ausnahmen – alle tragend. Und seine Nachkommen machen dem Herrn Papa alle Ehre – sie galoppierten bereits weit mehr als fünf Millionen Mark auf bundesdeutschen Rennbahnen zusammen.

Luciano zählt zu der Mitgift, die die ehemalige Braunschweigische Staatsbank 1970 in die Banken-Ehe mit der NORD/LB einbrachte. Obwohl sich mit dem Gestüt trotz der auf den ersten Blick immensen Zahlen keine Reichtümer verdienen, eher Verluste produzieren lassen, wird sich das Geldinstitut allein schon aus Gründen der Traditionspflege nicht von dieser noblen Passion trennen. Der Leiter dieses einzigen nicht in privater Hand befindlichen Gestüts hierzulande, Gustav Klotz, sieht den Vorteil der Harzburger Besitzverhältnisse so: »Ich bin nie der Laune der gnädigen Frau ausgesetzt. Mir redet hier keiner rein, ich mache meine Fehler alleine.« Die Erfolge in der Zucht und auf den Rennbahnen machen deutlich, daß die Fehlerquote des Gestütsherrn nicht allzu groß sein kann.

Die kleine Welt der großen Träume

Westdeutsche Landesbank Girozentrale (WestLB)

Die Geschichte der Westdeutschen Landesbank Girozentrale, die 1969 aus der Fusion der Rheinischen Girozentrale und Provinzialbank und der Landesbank für Westfalen (Girozentrale) hervorging, reicht rund 150 Jahre zurück. Anlaß zur Gründung eines der Vorgängerinstitute der heutigen WestLB boten 160000 Taler schwedische Entschädigungsgelder aus den Napoleonischen Kriegen. Dieser Betrag sollte für die gesamte Provinz Westfalen sinnvoll angelegt werden. So wurde die Idee geboren, das Geld mit Zins und Zinseszins in eine Provinzial-Hülfskasse einzubringen, die schließlich nach langen Verhandlungen durch königliche Genehmigung der Statuten im Jahre 1832 in Münster gegründet wurde.

Aus diesen Anfängen heraus entwickelte sich das Institut zur größten Landesbank in der Bundesrepublik, das sich mittlerweile auch einen Namen als bedeutende internationale Geschäftsbank machen konnte. Das gesamte Geschäftsvolumen des WestLB-Konzerns, der mehr als 50 inländische und ausländische Unternehmen umfaßt, lag im Jahre 1982 bei rund 160 Milliarden Mark. Es sind jedoch nicht nur Finanzierungs-, Grundstücks- oder Leasinggesellschaften, die das Institut unterhält. So tragen auch ›spielerische Aktivitäten‹, die über verschiedene Tochterunternehmen betrieben werden, zum Gesamtergebnis der WestLB bei, zum Beispiel Lotterien und Spielbanken.

Die Garderobe hat er lässig abgelegt, den Schein für seinen dunkelblauen Tuchmantel und den weißen Schal wortlos in die Seitentasche seines Smokings gesteckt. An der Rezeption nimmt eine dunkelhaarige Schönheit in einem schwarzen Lurexkleid seinen Ausweis entgegen, wirft einen Blick in die Kartei und stellt ihm eine Karte aus. Der Boy am Eingang des Speisesaals öffnet die Tür, verbeugt sich kurz und schließt sie hinter dem Gast, der mit seinem kühlen Blick und den strengen Gesichtszügen nicht gerade sympathisch wirkt. Es ist Fred M., Chef einer Gangsterbande, dessen Leute unauffällig um den Spieltisch stehen. Fred M. setzt seine Jetons, für Uneingeweihte wahllos, doch seine Männer wissen sehr schnell, was Sache ist: Jede Zahl bedeutet einen neuen Auftrag. Nach sechs Spielen zieht Fred M. sich an die Bar zurück, verlassen seine Mitstreiter den Saal . . .

Ob auf der Leinwand, dem Bildschirm oder im Roman – dieses Klischee der Spielbanken-Szene war über viele Jahrzehnte hinweg bestimmend, wurde der Begriff Kasino mit dunklen Machenschaften, Verbrechen und Unmoral in Verbindung gebracht. Diese Zeiten haben sich geändert. Wie sonst wäre es zu verstehen, daß die klickende Elfenbeinkugel, die nichts von mathematischen Wahrscheinlichkeitsrechnungen weiß, der geheimnisvolle Astrologie fremd ist und die nach acht oder neun Runden um den Zylinder des Roulettes bei irgendeiner Zahl liegenbleibt, jährlich eine Millionenschar in die 27 bundesdeutschen Spielbanken lockt?

Mit rund 350000 Besuchern lag das Internationale Spielkasino Bad Aachen im Jahre 1982 mit an der Spitze der meistfrequentierten ›Glücksbanken‹. Aachen, das ist ein Standort, der bereits vor mehr als zwei Jahrhunderten einschlägige Erfahrungen sammeln konnte. Am 15. Juni 1764 erließ der Rat der Stadt ein Edikt, mit dem er im ›Caffee-Haus der Wittib Reumont‹ das Pharao-Spiel konzessionierte, ein damals sehr beliebtes Kartenspiel. Erster Pächter war Richard Reumont. Er erkannte und nutzte die gebotene Chance: Im Saal des ›Grand Café aufm Comphausbad‹ und später in größeren Räumlichkeiten zog er einen florierenden Spielbetrieb auf. Beträchtliche Mittel flossen daraus der Stadt für gemeinnützige Zwecke zu.

Der Erfolg Richard Reumonts rief direkt vor den Stadttoren unerwünschte Konkurrenz auf den Plan. Aufgrund eines alten Privilegienstreits zwischen der Freien Reichsstadt Aachen und dem kurpfälzisch-jülischen ›Vogtmeier‹ ließ dieser durch die Regierung in Düsseldorf anno 1774 im Gesellschafts- und Ballhaus auf dem Bever Glücksspiele konzessionieren. Und in Burtscheid – man staune – war es gar die Äbtissin des Zisterzienserinnen-Stiftes, die als ökonomisch denkende Herrscherin dieses Miniaturstaates ihren Segen für die »öffentliche Betreibung des sogenannten Hasardspieles« im Johannisbad gab. Gegen die Proteste des Aachener Rates sicherte sich die geistliche Dame durch eine einstweilige Verfügung des Reichskammergerichtes ab.

Mit dem Einmarsch französischer Truppen im Jahre 1794 endeten diese Spielbank-Episoden. In Aachen selbst mußte Reumont seine Spielsäle schließen und verschwand. Erst zehn Jahre später gab Napoleon das Spiel unter ausdrücklicher Bestimmung des

Spielertrages für karitative Zwecke während der Kurmonate wieder frei. Nach Abzug der Franzosen traf die Stadt Aachen – jetzt unter preußischer Verwaltung – neue Konzessionsvereinbarungen mit den Erben Reumonts.

Goldene Jahre erlebte die Aachener Spielbank um die Mitte des vergangenen Jahrhunderts. Aus den ständig steigenden Spielumsätzen und den daraus resultierenden Erträgen konnte die Stadt nach schlimmen Notzeiten ihren Wiederaufstieg finanzieren. Öffentliche Bauten wie Schulen und Krankenhäuser wurden errichtet oder erneuert, die Lebensmittel für alle Bürger der Stadt verbilligt, die Kuranlagen erweitert, das gesamte Stadtbild bereichert und verschönert. Im Oktober 1854 hieß es dann jedoch in einem preußischen Kabinettsbeschluß: ›Nichts geht mehr!‹

Knapp 122 Jahre zogen ins Land, ehe dann doch wieder etwas ging. Nachdem der nordrhein-westfälische Landtag nach jahrelangen Diskussionen am 19. März 1974 ein neues Spielbankengesetz verabschiedet hatte, erteilte der Innenminister des Landes der wenig später gegründeten Westdeutschen Spielbanken GmbH & Co. KG, einer Tochtergesellschaft der Westdeutschen Landesbank, die Konzession für vier Spielbanken in diesem Bundesland. Schon zuvor hatte die WestLB Spielerfahrung gesammelt. Seit Übertragung der Lotteriekonzession durch das Land auf dieses Institut gehört auch das Nordwestlotto zum Konzern.

Aktivitäten, die der WestLB keinen großen Kummer bereiten dürften, führen sie doch zu ›zufriedenstellenden Jahresergebnissen‹. Nachdem die Aachener Spielbank seit Mitte 1976 das ehemalige Kurhaus der alten Kaiserstadt in ein ›deutsches Monte Carlo‹ umgewandelt hatte und vom ersten Tag an stolze Zahlen präsentieren konnte, warf vier Jahre später ›Mr. Goldfinger‹ Gert Fröbe die erste Kugel im zweiten Spielkasino von Nordrhein-Westfalen in Bad Oeynhausen.

Mehr als 600 000 Gäste besuchten im Jahre 1982 diese ›Zufallsstätten‹, in denen sie Milliardenbeträge hin und her schoben und den Hausherren einen Bruttospielerlös von rund 62 Millionen Mark bescherten. Davon flossen 80 Prozent, so will es das Gesetz, an dankbare Abnehmer: 60 Prozent des Spielertrags kassierte das Land für wohltätige Zwecke, 15 Prozent wanderten in den Aachener bzw. Bad Oeynhausener Stadtsäckel und 5 Prozent in die Kassen des Bundes. Damit konnte die Stiftung des Landes Nordrhein-Westfalen für Wohlfahrtspflege seit Bestehen der beiden Kasinos weit mehr als 100 Millionen Mark für alte und behinderte Menschen verbuchen.

Doch es sind nicht nur Roulette-, Black-Jack- und Baccara-Tische, die den Besucher in dieser kleinen Welt der großen Träume erwarten. »Gerade bei den Vorbehalten, die oft aus Unkenntnis gegenüber Spielkasinos bestehen – rund 80 Prozent der Bundesbürger waren noch nie in einer Spielbank–, glauben wir, unseren Gästen neben dem Glücksspielangebot eine Stätte der kultivierten Unterhaltung und qualifizierten Freizeitgestaltung präsentieren zu müssen. Hierzu zählt unter anderem ein gehobenes, allen Ansprüchen gerecht werdendes gastronomisches Angebot. So gehört zum Beispiel das Restaurant Gala in unserer Aachener Spielbank, das 1982 den zweiten Michelin-Stern erhielt, zu den besten seiner Art in der ganzen Bundesrepublik«, erklärt der Geschäftsführer der Westdeutschen Spielbanken GmbH & Co. KG, Lothar Lammers.

Neben der Gastronomie spielt aber auch die Kunst eine entscheidende Rolle in den Überlegungen der ›Bankiers‹. So wurde in Aachen der Kontrast zwischen dem neoklassizistischen Kurhausbau und dem teilweise futuristischen Design der Spielsäle und Innenräume durch verschiedene dekorative Elemente ergänzt und ausgeglichen. Das Ergebnis ist eine sehenswerte Sammlung zeitgenössischer Kunst, die weit über die Grenzen hinaus große Anerkennung in Fachkreisen gefunden hat.

»In Bad Oeynhausen sind wir einen Schritt weitergegangen. Sieben namhafte Künstler wurden beauftragt, die Spielsäle, Foyerräume und Wandelgänge mitzugestalten. Das Ergebnis kann man schlecht beschreiben, man muß es einfach erleben«, strahlt Lammers.

Aachen und Bad Oeynhausen, sprich die beiden ersten Häuser der WestLB-Tochter, die 1985 mit der Eröffnung der dritten Spielbank in Dortmund rechnet, haben beispielhaft Zeichen dafür gesetzt, daß Spielkasino nicht nur Rouge oder Noir, Zéro oder Carré, Himmelhochjauchzend oder Zutodebetrübt bedeuten muß. Auch mit fünf Mark in der Tasche nur für die Eintrittskarte sind diese Ziele eine Reise wert, auch wenn man damit nicht jenem schottischen Glückspilz nacheifern kann, der in Aachen an drei aufeinanderfolgenden Tagen 1,75 Millionen Mark kassierte. Doch trösten Sie sich: Es sollen auch schon einmal Spielbankgäste Geld verloren haben . . .

Die Biene – Symbol für Fleiß und Sparsamkeit

Frankfurter Sparkasse von 1822 (›die 1822‹)

Am 24. November 1816 wurde in Frankfurt am Main die ›Polytechnische Gesellschaft‹ gegründet. In dieser ›Frankfurter Gesellschaft zur Förderung nützlicher Künste und deren Hülfswissenschaften‹, wie sie zwischenzeitlich hieß, vereinigten sich Kaufleute, Gelehrte und Handwerker, um in ernsthaften gemeinsamen Bemühungen Kenntnisse technisch-wissenschaftlicher Art den Mitbürgern zu vermitteln und um den sozialen Aufstieg zu fördern.

Zu einer ihrer ersten Aktivitäten zählte im Jahre 1822 die Gründung einer Sparkasse, eine gemeinnützige Stiftung mit eigener Rechtspersönlichkeit. Die Kasse, deren erste Schalterhalle aus einem Raum im Hause des Weinhändlers Peters in der Großen Sandgasse bestand, sollte sich als wohltätiges Institut der Spargroschen der Armen und Ärmsten annehmen und sie zinsbringend anlegen.

Auch heute noch ist ›die 1822‹ mit einer Bilanzsumme von rund sechs Milliarden Mark und mehr als 1500 Mitarbeitern eine Tochter der ›Polytechnischen Gesellschaft‹. Die wissenschaftlichen, sozialen, kulturellen und technischen Aktivitäten dieser Gesellschaft werden allerdings in starkem Maße von dem Geldinstitut gefördert, wie zum Beispiel das Institut der Bienenkunde der Johann-Wolfgang-Goethe-Universität Frankfurt in Oberursel/Taunus.

Prof. Dr. Viktor Schmieden, Frankfurter Chirurg von Weltruf und Präsident der Polytechnischen Gesellschaft in den Jahren 1936 bis 1944, war ein Freund der Bienen. So wunderte es denn auch nicht, daß auf seinem Obstgut in Lichtenberg (Odenwald) ein Bienenstand zu finden war. Zur Förderung des Kleinsiedlerwesens trug er sich mit dem Gedanken, die künftigen Siedler auch für die Bienenhaltung zu interessieren und sie sachkundig beraten zu lassen.

Doch es gab auch noch andere Gründe für dieses Vorhaben, so zum Beispiel die Notwendigkeit, Erkrankungen von Bienenvölkern zu erforschen. Die Idee wurde Wirklichkeit: Unter tatkräftiger Unterstützung durch den Zoologen Prof. zur Strassen und seines

Nachfolgers Prof. Giersberg von der bienenkundlichen Forschungsstelle am Zoologischen Universitätsinstitut entstand im Jahre 1937 ein selbständiges Institut für Bienenkunde

Seit ihrer Gründung übrigens mit dem Symbol des Bienenkorbs verbunden, hatte die Polytechnische Gesellschaft mit der Übernahme dieses Instituts mit Sitz in Oberursel/Taunus ihrem vielgestaltigen gemeinnützigen Wirken ein neues Tätigkeitsgebiet erschlossen. Eine Einrichtung, die nicht allein der Forschung dienen, sondern auch künftige Imker ausbilden und allgemein die Imkerei fördern sollte.

Seit jeher hat die Biene das Interesse der Menschen auf sich gezogen, von den Pharaonen und den minoischen Königen über Aristoteles und Vergil bis zu den Ökologen, Physiologen, Medizinern und Landwirten unserer Tage: Ein hochorganisiertes Insekt, ein Symbol für Fleiß und Sparsamkeit, ein Beispiel einer staatlichen Organisation, die so ganz anders ist als die menschliche. So sind denn auch die Motive der heutigen Bienenhaltung entsprechend vielfältig: biologisches Interesse, wirtschaftliche Gründe oder vielleicht ›nur‹ Freude an einer anregenden Freizeitbeschäftigung. Fragt man die rund 100000 Imker in der Bundesrepublik nach der Motivation für ihr Tun, so sind es in der Regel alle diese Beweggründe zusammen, die sie zu diesem Engagement veranlaßt haben.

Für den Wissenschaftler Prof. Dr. Dr. Friedrich Ruttner ist unbestreitbar: »Kaum ein anderer Zweig der Tierhaltung verlangt ein solches Maß an biologischem Wissen und praktischer Erfahrung wie die Bienenzucht, besonders unter den immer schwieriger werdenden Bedingungen Mitteleuropas. Auch eine rein wirtschaftlich ausgerichtete Bienenhaltung kann auf ein solides wissenschaftliches Fundament nicht verzichten. Der Rahmen ist weit gesteckt – Klima, Flora, Physiologie, Verhalten, Toxonomie, Genetik, Honigchemie, Bienenpathologie.«

Ohne speziell ausgestattete Versuchs- und Lehranstalten stünden die Bienenzüchter hilflos den sich kraß ändernden Bedingungen der Umwelt gegenüber. Aber auch einige Bereiche der Grundlagenforschung, zum Beispiel soziales Verhalten, Fortpflanzung oder Genetik sind ohne die funktionierende Organisation eines bienenkundlichen Instituts nicht vorstellbar.

Angesichts ihres Bienenkorb-Wappens war die Gründung einer derartigen Einrichtung für die Polytechnische Gesellschaft nicht ganz abwegig. Gleichzeitig konnte an bereits bestehende Aktivitäten angeknüpft werden: Da die hessischen Bienenvölker in den 20er

Jahren durch Krankheiten jäh reduziert worden waren, hatten einige Zoologen für Forschungszwecke und zur Beratung der hilfesuchenden Imker bereits eine Untersuchungsstelle für Bienen an der Frankfurter Universität eingerichtet. Die Gründung des ›Instituts für Bienenkunde‹ ermöglichte nach diesem ersten Schritt entsprechende Entfaltungsmöglichkeiten, mitfinanziert durch die Mittel der Frankfurter Sparkasse von 1822.

Nach den Kriegsjahren wurde das Institut in seinem neuen Standort bei Oberursel mit Zuschüssen interessierter Institutionen wesentlich erweitert, so daß es seine wissenschaftliche Arbeit intensivieren konnte. Eigene Einnahmen aus Honigverkauf und Bienenzucht, Zuschüsse der Sparkasse sowie Forschungsaufträge bildeten die finanzielle Grundlage dieser Arbeiten, die bald auch internationale Anerkennung finden sollten.

Eine neue Phase in der Entwicklung des Tochterinstituts wurde 1965 eingeleitet. Zwischen der Polytechnischen Gesellschaft und der Universität Frankfurt wurde ein Vertrag unterzeichnet, nach dem das Institut der Uni für Forschungs- und Lehrzwecke zur Verfügung gestellt wird, während die Gesellschaft fortan für die Erhaltung von Gebäude, Garten und Bienenstand aufkommt. Auf dieser gesunden Basis konnte in den folgenden Jahren ein rascher Ausbau der vorhandenen Einrichtungen erfolgen. Eine Arbeitsgruppe entstand, die mit Hilfe eines auf 200 Völker erweiterten Bienenstandes und mit den nötigen technischen Einrichtungen, wie großen Flugräumen und einem Besamungslabor, auch schwierige Probleme in Angriff nehmen konnte.

In baulicher Hinsicht nahm das Institut eine erfreuliche Entwicklung. Zwei Erweiterungsbauten, die in den Jahren 1967 und 1971 aus Mitteln der Stiftung Volkswagenwerk errichtet wurden, und eine Renovierung des alten Institutsgebäudes durch die Polytechnische Gesellschaft schafften nahezu optimale Arbeitsbedingungen. Auch die Personalstruktur stabilisierte sich. Eine große Anzahl auch ausländischer Praktikanten erhielt bei ihren längeren Aufenthalten eine umfassende Ausbildung. Die Zucht- und Forschungsarbeit fand im In- und Ausland reges Interesse. Davon zeugen zahlreiche Veröffentlichungen in Fachzeitschriften und wissenschaftlichen Werken sowie vielfältige Anfragen aus aller Welt. Für mehrere ausländische Bienenzuchtprojekte, zum Beispiel in Algerien und Marokko, stellte das Institut seine Dienste zur Verfügung. Aber auch die Information für die heimische Bevölkerung wird in Oberursel großgeschrieben. So stehen Führungen von Schulklassen, Vereinen und Einzelpersonen fast schon auf der Tagesordnung.

Auf Grund der starken Expansion und der steigenden Bedeutung des Instituts für den Fachbereich Biologie der Universität Frankfurt erklärte sich das Land Hessen bereit, sich an den Betriebskosten in stärkerem Maße zu beteiligen. Damit ist der Bestand dieser Einrichtung, die sich zu einem internationalen Treffpunkt für die Fachwelt entwickelt hat, auch in ihrem erweiterten Umfang für die Zukunft gesichert.

So schmückt der Bienenkorb als Symbol des Fleißes und der Sparsamkeit die Polytechnische Gesellschaft und die Frankfurter Sparkasse von 1822 in doppelter Hinsicht zu Recht: als Trägerin eines der Wissenschaft und Praxis gewidmeten Bieneninstituts und die Sparkasse als Verkörperung des Sparwillens, der durch Konsumverzicht die Mittel bereitstellt, die zur Lösung neuer Aufgaben erforderlich sind.

›Billig vom 1. Januar bis 31. Dezember‹

Bayer AG

Mit weiträumigen Produktionsanlagen, modernen Laboratorien und Hochhäusern vermittelt das Bayerwerk Leverkusen ein eindrucksvolles Bild der heutigen Großchemie. In wenigen Generationen wuchs seit dem Gründungsjahr 1863 aus dem Dreimannbetrieb ›Friedrich Bayer et Comp.‹ in Barmen (heute Wuppertal) eines der größten weltweit orientierten Chemie-Unternehmen mit rund 180 000 Beschäftigten im In- und Ausland. Aus einem bescheidenen Geschäft mit Farbstoffen der Gründerjahre wurde im letzten Jahr ein Weltumsatz von mehr als 35 Milliarden Mark. Das Verkaufsprogramm der Bayer AG mit den Werken Leverkusen, Dormagen, Uerdingen, Elberfeld, Brunsbüttel sowie maßgebende Beteiligungen an in- und ausländischen Unternehmen umfaßt mehr als 6000 Produkte.

Gewaltige Zahlen, zu denen nicht allein Farben, Fasern oder Aspirin beitrugen, wie das folgende Kaufhaus-Beispiel zeigt. Bayer hat jedoch nicht nur durch seine Produkte für Schlagzeilen gesorgt: Die Flut von Rekorden und Meisterschaften in den verschiedenen sportlichen Disziplinen hat den Bekanntheitsgrad des Unternehmens noch erhöhen können.

Ein Blick in die Schaufenster des Warenhauses, das da inmitten der Leverkusener Innenstadt einen trefflichen Standort erwischt hat, verrät Routine: Hier ein paar Kochtöpfe, dort ein paar Slips, zwei Fenster weiter ein Hauch von Nerz. Erst die Antwort auf die Frage, ob der Schritt über die Pendeltürschwelle nun einen Besuch im Hause Karstadt, Hertie oder Kaufhof bedeutet, läßt zumindest Farbenstadt-Fremde aufhorchen: Die Kassen unter diesem rund 60 000 verschiedene Artikel beherbergenden Dach klingeln für das Warenhaus der Bayer Kaufhaus GmbH, einer hundertprozentigen Tochter der Bayer AG.

Begonnen hatte alles 1895. Das Bayerwerk Leverkusen wurde gebaut, die erforderlichen Mitarbeiter wurden angesiedelt. Das Unternehmen fühlte sich verpflichtet, die Versorgung der Beschäftigten mit frischen Lebensmitteln sicherzustellen. Ein Konsumverein wurde gegründet, dessen Mitglieder – Belegschaftsangehörige, Pensionäre und Witwen von Werksangehörigen – in einer Konsumanstalt gute und preiswürdige Lebensmittel gegen Barzahlung einkaufen konnten, wie es in der Satzung heißt.

Die Verbindung zu den Städten Opladen, Köln oder gar Düsseldorf war für die potentiellen Kunden zu dieser Zeit noch allzu mühsam. So gehörte die erste Konsumanstalt in den Bereich der Sozialmaßnahmen, die zur Ansiedlung einer guten und werksverbundenen Stammbelegschaft getroffen werden mußten. Dennoch war Leverkusen ein riesiges Baugelände inmitten von Äckern, Wiesen und Feldern, fernab vom Verkehr.

Jede einkaufsberechtigte Familie mußte zunächst für 15 Pfennig ein Kontobuch kaufen, in das alle Einkäufe im Wert von mehr als 50 Pfennig eingetragen wurden. Nach dem Jahresabschluß erhielten die Inhaber der Kontobücher nachträglich einen Rabatt auf ihre Einkäufe. Er wurde acht Tage vor Weihnachten ausbezahlt und lag für 1898, der ersten erhalten gebliebenen Jahresbilanz, bei sechs Prozent, für 1899 bei acht Prozent, für 1900 bei neun Prozent und für die folgenden zehn Jahre bei jeweils zehn Prozent.

Die erste Konsumanstalt befand sich 1895/96 in einem weißgekalkten ehemaligen Bauernhaus auf der Hauptstraße. 1897 bezog sie eigene Räume, eine Ziegelbaracke mit Dachboden. Mit der wachsenden Mitarbeiterzahl des Werkes wuchs auch die Zahl der Mitglieder des Konsumvereins, die sich 1906 bereits auf mehr als 1500 belief. Der Jahresumsatz für die mittlerweile zwei Filialen in Flittard und Wiesdorf erreichte 476000 Mark. Als die Versorgungsansprüche immer weiter zunahmen, wurde in den Jahren 1909 bis 1911 ein großzügiges Warenhaus errichtet, das in der damaligen Zeit viel bestaunt wurde.

Als dieses ›Kaufhaus der Farbenfabriken vorm. Friedr. Bayer & Co.‹ 1911 eröffnet wurde, war die Ära der Konsumanstalt beendet. Durch sein vergrößertes Geschäftsvolumen (Lebensmittel, Textilien, Schuhwaren, Haus- und Küchengeräte) war das Kaufhaus nun in der Lage, auch preisregulierend zu wirken und damit eine zusätzliche Funktion zu erfüllen, die ausschließlich im sozialen Bereich lag. Diese blieb in späteren Jahren, als das kleine Wiesdorf längst zur Stadt Leverkusen gereift war, ein ganz wesentliches Kriterium für die weitere Existenzberechtigung des Kaufhauses, das im Ersten Weltkrieg eine große Bedeutung erhielt.

Carl Duisberg erinnert in seinen Aufzeichnungen an diese Jahre: »Die preisregulierende Funktion trat zurück vor der Hauptaufgabe, die Werksangehörigen mit Lebensmitteln und anderen knapp gewordenen Waren zu versorgen. Umfangreiche Einkäufe mußten getätigt und die Lagerhaltung erheblich vergrößert werden. Zur Schuhreparaturwerkstatt kam nun auch eine Kleiderausbesserungswerkstatt. Beide Abteilungen arbeiteten auf vollen Touren, denn Schuhe wie Bekleidung waren äußerst knapp.«

In den 20er Jahren expandierte das Unternehmen, wurden Lebensmittel-Filialen in einer Wohnkolonnie und an zwei Werkstoren eröffnet. Zu dieser Zeit zählte das Bayer-Kaufhaus rund 100 Mitarbeiter und einen Umsatz von drei Millionen Reichsmark. Seine Aufgabe sah es jetzt wieder verstärkt darin, der Bevölkerung die Einkaufsmöglichkeiten eines großstädtischen Warenhauses zu bieten und preisregulierend zu wirken. In einer Anzeige heißt es im Jahre 1926 denn auch: ›Unser billiger Verkauf dauert vom 1. Januar bis 31. Dezember.‹

Die positive Entwicklung setzte sich bis zum Jahre 1929 fort, wurde in den Krisenjahren aber wieder rückläufig. Im Gegensatz zu der ab Mitte 1932 wieder belebten und nach 1933 stark ansteigenden Konjunktur hielt die negative Tendenz beim Kaufhaus weiter an. Dazu mag auch das neue Regime beigetragen haben, das zunächst allen Warenhäusern – und das Kaufhaus hatte sich inzwischen dazu entwickelt – den Kampf ansagte.

Ab 1936 ging es dann wieder bergauf. Damals setzten bereits gewisse Verknappungserscheinungen bei Konsumgütern in der mehr und mehr staats- und rüstungsverpflichteten Wirtschaft ein. Dagegen hatte das Bayer-Kaufhaus als Bestandteil des I. G. Werkes Leverkusen immerhin noch ausgedehntere Bezugs- und Lieferungsmöglichkeiten, die den Kundenkreis wieder erweitern halfen.

Während des Zweiten Weltkrieges diente das Haus erneut als wichtigste Versorgungsquelle im Großraum Leverkusen. Selbst dann wurde der Verkauf aufrechterhalten, als die Fliegerbomben insbesondere beim Großangriff auf die Stadt im Oktober 1944 rund ein Drittel des Kaufhauses beschädigt, das Lagerhaus restlos zerstört, die Verkaufsstelle in einer Wohnkolonie total vernichtet und alle andere Filialen stark in Mitleidenschaft gezogen hatten. Trotz des Wiederaufbaus in den Jahren 1949 und 1950 konnte das Kaufhaus nicht mehr den gestiegenen Käufererwartungen Rechnung tragen. Das änderte sich erst wieder, als am 30. August 1958 der Neubau des heutigen Bayer-Kaufhauses mit einer 100 Meter langen Schaufensterfront in Betrieb genommen wurde.

War in den Gründungsjahren dieses Bayer-Engagements die Konsumanstalt das einzige Einzelhandelsunternehmen für die Versorgung der Bevölkerung, so ist ihre Nachfolgerin, die 1958 gegründete Bayer Kaufhaus GmbH, eines von vielen vergleichbaren Unternehmen im Großraum Leverkusen. Dennoch leistet auch die Bayer Kaufhaus GmbH dort Pionierarbeit, wo es um die infrastrukturelle Versorgung mit Lebensmitteln geht. So wurden in den Nachkriegsjahren im Zusammenhang mit der Erschließung großer Wohngebiete und der Ansiedlung von Bayer-Mitarbeitern auch Lebensmittel-Supermärkte errichtet: 1954 in Flittard, 1959 in Mathildenhof, 1960 in Alkenrath, 1965 in Rheindorf, 1974 in Bruchhausen und 1978 eine zweite Filiale in Mathildenhof.

Heute ist die Bayer Kaufhaus GmbH Dachorganisation für drei Bereiche: Das Warenhaus in der City von Leverkusen, zwölf Supermärkte im Großraum Leverkusen einschließlich zwei Läden in Köln-Flittard mit dem Verkaufsangebot Lebensmittel und kleine Haushaltsartikel sowie vier Verkaufsläden in den Bayerwerken Leverkusen, Dormagen, Elberfeld und Uerdingen, in denen Bayer-Mitarbeiter in begrenztem Umfang Produkte des Unternehmens und verbundener Gesellschaften erwerben können.

Die Bayer Kaufhaus GmbH beschäftigte im Jahre 1982 etwas mehr als 400 Mitarbeiter, darunter rund 40 Auszubildende, die den Beruf des Einzelhandelskaufmanns erlernen. Etwa die Hälfte aller Beschäftigten ist im Warenhaus tätig, wo auch die Zentrale Verwaltung, das Personalwesen, das EDV-Zentrum und der Zentrale Einkauf untergebracht sind. Auch wenn dieses Flaggschiff der Bayer-Tochter, das an Spitzentagen bis zu 14000 Kunden zählt, längst seine ›soziale Aufgabe‹ verloren hat, so sind die Mitarbeiter des Farbenkonzerns ›ihrem‹ Kaufhaus treu geblieben: Von 100 Kunden stellen sie zumindest die Hälfte, wenn nicht gar noch etwas mehr.

Rekorde unter dem Bayer-Kreuz

»Ich glaube nicht, daß wir dadurch, daß unsere Fußballer in der Bundesliga spielen, sehr viel Aspirin mehr verkaufen.« Immer wieder wird dieser Satz des Vorstandsvorsitzenden der Bayer AG,

Prof. Dr. Herbert Grünewald, zitiert, wenn das Thema ›Bayer und Sport‹ auf der Tagesordnung steht. Ein Thema, das den ehemaligen Bundespräsidenten Walter Scheel im Sommer 1979 wenige Wochen vor dem gleichzeitigen Aufstieg der Bayer-Kicker aus Leverkusen und Uerdingen in die 1. Fußball-Bundesliga zu dem Bonmot veranlaßte: »Grünewald, bald haben Sie ja drei Vereine in der Bundesliga: Bayer Leverkusen, Bayer Uerdingen – und von den Bayern aus München müssen Sie nur das ›n‹ streichen!«

Das sportliche Engagement des Chemieriesen hat eine lange Tradition. Die Jahreszahlen in den Vereinsnamen ›TuS 04 Leverkusen‹, ›Bayer 04 Leverkusen‹ und ›Bayer Uerdingen 05‹ verraten unbestechlich das Greisenalter der sportlichen Aktivitäten unter dem Bayer-Kreuz.

Als 1891 der Grundstein für die heutige Bayer AG nördlich von Köln gelegt wurde, gab es zwar einige Turnvereine in der Umgebung, doch bereits die ersten Kontaktversuche der Arbeiter und Angestellten mit den hier etablierten Sportlern waren wenig erfolgversprechend. 1903 griffen sie zur Selbsthilfe: 170 Gleichgesinnte richteten ein Gesuch an den damaligen Bayer-Generaldirektor Carl Duisberg, das die Gründung eines Turn- und Spielvereins zum Inhalt hatte. Duisberg erkannte die sozialpolitische Bedeutung, prüfte und genehmigte am 1. Juli 1904 die Gründung des ›Turn- und Spielvereins der Farbenfabriken vorm. Friedr. Bayer & Co.‹ – der Angang für ein reges Vereinsleben war gemacht.

Der TuS 04 Leverkusen, in seinen Anfängen streng nach den Grundsätzen der deutschen Turnbewegung ausgerichtet, entwikkelte bald ein breitgefächertes Sportprogramm. Auch der Fußball wurde nach und nach in diese Aktivitäten eingeschlossen, zunächst beim TuS 04, später auch bei der selbständigen SV Bayer 04 Leverkusen. Beide Klubs entwickelten sich in unterschiedlichen sportlichen Disziplinen und konkurrierten zunächst lediglich in der Leichtathletik und im Handball.

Heute betätigen sich die beiden Vereine in 14 verschiedenen Sportarten, wobei Spitzensport und Breitenarbeit gleichzeitig und gezielt gefördert werden. Von den derzeit mehr als 13000 eingetragenen Mitgliedern in den Leverkusener Bayer-Sportvereinen entfallen rund 5500 auf die beiden Traditionsklubs. Die anderen Aktiven gehören später gegründeten Vereinen wie zum Beispiel dem Ruder-Tennis-Hockey-Club Bayer Leverkusen, dem Reiterverein Bayer Leverkusen oder dem Luftsportclub Bayer Leverkusen an.

Der Bau moderner Sportanlagen (Stadien, Großturnhallen, Hokkey- und Tennisgelände) und die Anleitung durch qualifizierte Trainer ließen die Bayer-Sportler nach dem Krieg Schritt für Schritt an die Spitze marschieren. Den Chemiekonzern im Rücken, gewannen sie seit 1964 insgesamt 17 olympische Medaillen und erzielten 19 Weltrekorde. 22 Europameisterschaften und mehr als 500 nationale Titel vervollständigen diese erstaunliche Bilanz. Namen wie Heide Rosendahl, Willy Holdorf, Liesel Westermann, René Weller oder Franz-Peter Hofmeister haben den Ruf der Sportstadt am Rhein mitbegründert und Vorbilder geschaffen.

Freilich: Von nichts kommt nichts. So werden etwa 0,2 Prozent der Summe, die von der Bayer AG für Personal und Soziales aufgebracht werden – 1981 belief sich diese auf knapp vier Milliarden Mark – in den Sport investiert, sprich rund acht Millionen Mark. »Ich glaube, daß diese Summe verantwortbar und sogar wünschenswert ist«, betont Grünewald.

Er habe oft den Eindruck, als ob sich Wirtschaftsunternehmen dieser Mäzenatenrolle verschämt entzögen, um nicht in den Verdacht zu kommen, übermäßigen Einfluß auszuüben. Aber, so fragt Grünewald, wer könne denn schon ein Mäzenatentum nennen, sei es privat oder staatlich, das völlig frei von jeglicher Bindung sei? Er ist überzeugt, daß die Unterstützung des Sports durch den Konzern auch in Zukunft viele Mitarbeiter zu sportlichem Engagement anspornen werde. »Wir betrachten dies als einen Beitrag zur Humanisierung unseres Lebens.«

Die oft gestellte Frage, wie sich der Trainingsaufwand der Spitzensportler mit ihren beruflichen Aufgaben vereinbaren ließe, beantwortet der Hausherr so: »Wir achten darauf, daß sportliches Training und berufliche Ausbildung vernünftig ausbalanciert werden. Wir haben die Erfahrung gemacht, daß ein Sportler, der sich in seiner Disziplin ein hohes Ziel gesteckt hat, auch bereit ist, hart an sich zu arbeiten und Opfer zu bringen.«

Dieses persönliche Engagement werde der Sportler auch in seinem beruflichen Leben zeigen. Hierfür habe er nach Beendigung seiner Aktivenkarriere dann genügend Zeit. So sind manche Bayer-Sportler a. D. heute in den verschiedensten Berufen erfolgreich und haben respektable Positionen erreicht, nicht nur im eigenen Unternehmen. Zugleich könne man wieder mit diesen ehemaligen Athleten rechnen, wenn es um die Betreuung der Werksvereine gehe.

Auf schwindelerregende Summen müssen die aktiven Bayer-Stars jedoch in aller Regel verzichten. Sie erhalten als Angestellte oder Auszubildende des Unternehmens, in dem sie halbtags arbeiten, ein Gehalt und zusätzlich die üblichen Zahlungen ihres Vereins. Dafür, daß bei den Bayer-Vereinen alles im Lot bleibt, sorgen die Namens- und Geldgeber selbst. Denn die Bayer-Manager stehen zumeist auch einem Bayer-Verein vor. Je gewichtiger der Klub, um so ranghöher der Bayer-Führungsmann im Vereinsvorstand. So ist Personalchef Günter Böhme 1. Vorsitzender von TuS 04 Leverkusen, Chef-Justitiar Jürgen Schwericke Präsident von Bayer 04. Und die Belegschaft, so erfährt man, will es nicht anders: Sie drängt die Vorgesetzten in die Klubvorstände, weil sie dem Fördertopf des Unternehmens besonders nahe sitzen. So bleiben die – auch aus steuerlichen Gründen – rechtlich selbständigen Vereine unter der Kontrolle des Konzerns.

Daß dieser aus Sporterfolgen Vorteile für sein Image zieht, leugnet in Leverkusen niemand, auch wenn nicht sehr viel Aspirin mehr verkauft wird – siehe oben. »Image-Bildung ja, aber ohne ein Werbeverein zu sein. Wir sind seit vielen Jahrzehnten im Sport, haben jedoch nie direkte Produktwerbung betrieben, werden es auch nie tun. Und die Image-Bildung sehen wir nicht alleine darin, daß wir überall Spitze sind, sondern vielmehr in der Tatsache, daß wir etwas für den Sport tun und der Öffentlichkeit zeigen, daß man auch mit vertretbaren Mitteln Erfolge erzielen kann«, resümiert Schwericke. »Wenn nicht wir als Industrieunternehmen den Sport fördern, dann frage ich mich, wer es sonst tun soll, wer überhaupt sonst noch dem Staatssport des Ostblocks oder dem Uni-Sport der Vereinigten Staaten Paroli bieten kann. In dieser Richtung sollte sich die bundesdeutsche Wirtschaft schnellstmöglich stärker als bisher engagieren!«

Das ›Leverkusener Modell‹ – gewiß einmalig in der Bundesrepublik und, so Konzernchef Grünewald, »einfach von sich aus gut«.

Kollege Bendlin – das große Vorbild

Nixdorf Computer AG

Sport – das ist auch im Hause der Nixdorf Computer AG bereits seit vielen Jahren ein besonderes Thema, sitzt doch auf dem Chefsessel dieser Gesellschaft ein Unternehmer, der selbst schon auf so manch einem Siegertreppchen gestanden hat: Heinz Nixdorf.

Als der damals 27 Jahre alte ideenreiche Tüftler im Jahre 1952 mit geliehenem Geld und wenigen Mitarbeitern das Labor für Impulstechnik gründete, konnte er nicht ahnen, welche Entwicklung seine Firma einmal nehmen würde. Drei Jahrzehnte nach der Unternehmensgründung stand die Nixdorf Computer AG an dritter Stelle in der europäischen Rangliste der Computerhersteller, beschäftigte sie rund 16000 Mitarbeiter. Allein das Wachstum in den zehn Jahren von 1972 bis 1982 ist imponierend: Der Umsatz stieg von knapp 400 Millionen Mark auf rund 2,3 Milliarden Mark. Das Geheimnis dieses Erfolgs lag vor allem in dem frühzeitigen Erkennen der Chancen der Büroelektronik und der konsequenten Umsetzung in jenen Marktbereichen, in denen Nixdorf Lücken entdeckte, die von den Branchengrößen nicht gefüllt werden konnten.

Nicht nur in der Bundesrepublik gilt sein Name immer noch als Inbegriff des Leistungssports, auch wenn er sich seit Jahren fast ausschließlich dem Breitensport verschrieben hat. In seiner aktiven Zeit war er in aller Regel auf der Aschenbahn oder im Wurfkreis zu finden – heute pendelt er in seiner Arbeitszeit zwischen Sportanlagen und seinem Schreibtisch hin und her: Kurt Bendlin heißt der Mann, von dem hier die Rede ist, ehemaliger Weltrekordler im Zehnkampf und lange Jahre ›König der Leichtathleten‹.

Seit 1979 steht das Kraftpaket in Diensten der Paderborner Nixdorf Computer AG als Leiter der Sport- und Ausbildungsförderung. Firmenchef Heinz Nixdorf persönlich war es, der die Anstellung dieses Mitarbeiters in die Wege leitete. Noch heute erinnert sich ›Mister Computer‹ sehr genau an die Stunden des Jahres 1967, in denen er auf der Tribüne des Heidelberger Stadions den

Weltrekord Bendlins begeistert miterlebte – heute sind der Athlet und sein Fan ›Kollegen‹.

Doch schon vor der Verpflichtung des erfolgreichen Zehnkämpfers für das florierende Unternehmen wurde in Paderborn das Thema Sport besonders betont. »Die Begeisterung für den Sport fängt damit an, daß man selbst aktiv ist und auch die eigene Familie dazu animieren kann«, formuliert der Vorstandsvorsitzende Heinz Nixdorf, der sich nicht nur als Weltklasse-Segler einen Namen gemacht hat, sondern auch Tennis ebenso schätzt wie die Leichtathletik. Voraussetzung für ein erfolgreiches Abschneiden in diesen Disziplinen ist ein regelmäßiges Training – für Heinz Nixdorf eine Selbstverständlichkeit.

Es sind jedoch nicht die Spitzenleistungen, die für ihn an oberster Stelle seines starken persönlichen und auch finanziellen Engagements in Sachen Sport stehen. »Vielmehr ist es mein Ziel, gemeinsam mit Kurt Bendlin nicht nur unsere Mitarbeiter zu aktivieren, sondern breite Bevölkerungskreise, um sie elastischer, widerstandsfähiger zu machen, so daß sie Freude daran haben, sich bewegen zu können«, unterstreicht Nixdorf seine Absicht.

So ist ein wesentlicher Bestandteil der Arbeit Bendlins der Sport für die knapp 1000 Auszubildenden des Unternehmens. »Hier im Betrieb haben wir die letzte Chance, einen jungen Menschen lebenslang für den Sport zu begeistern«, urteilt der Diplomsportlehrer, der 1973 sein Studium an der Sporthochschule Köln abschloß. »Und das gelingt uns nur, wenn wir jungen Leuten den Sport so anbieten, wie sie ihn sich wünschen.« Demokratie und nicht Diktatur lautet das Motto in der Halle und auf dem grünen Rasen – die jeweilige Gruppe entscheidet selbst, wie die nächste Stunde aussehen wird, was gespielt, getan werden soll.

Bendlin, der das spielerische Element, die Leistung im Team betont, hat zahlreiche Lehrlingsausbilder zu Übungsleitern heran- und weitergebildet, die während der jeweils dreimonatigen Praxisphase im Betrieb das freiwillige zweistündige Sportangebot des Unternehmens pro Woche betreuen. Durch eine Ausnahmeregelung des nordrhein-westfälischen Kultusministeriums ist es den Paderbornern sogar gelungen, den wöchentlich zweistündigen Pflichtsport während des jeweils sechswöchigen Unterrichtsblocks in der Berufsschule auf vier Stunden zu verdoppeln.

Um darüber hinaus einen möglichst großen Kreis von Mitarbeitern für den aktiven Sport zu gewinnen, hat Bendlin ein umfangreiches Programm für den ›Sport nach Feierabend‹ in eigenen Räumlichkeiten entwickelt. Und zusätzlich zu dem vielfältigen Fitneßangebot der Paderborner Hochschule werden auch die Möglichkeiten in den örtlichen Vereinen stärker genutzt. »Wenn es durch unsere Aktivitäten gelingen sollte, den Klubs wieder mehr Mitglieder zuzuführen und damit eine stärkere Basis zu schaffen, würde ich das sehr begrüßen«, versichert Bendlin. Ob Badminton oder Bogenschießen, Surfen oder Rettungsschwimmen – die Auswahl ist groß.

Zu dem Engagement des Exweltrekordlers zählt aber auch der Sport mit Behinderten. So ist die Nixdorf Computer AG mit 20 Prozent an der Integ GmbH in Bad Driburg beteiligt, sprich Integrationsbetrieben für Behinderte, deren Ziel es laut Satzung ist, »körperlich, geistig und seelisch Behinderten, die nicht nur vorübergehend auf die Hilfe anderer angewiesen sind, durch eine angemessene Beschäftigung in Beruf und Gesellschaft wieder einzugliedern«. Auch diesen Mitarbeitern, die zum Teil nach einer hier erfolgreichen Ausbildung in die Paderborner Nixdorf-Stätten wechseln, bietet Bendlin alle 14 Tage ein zweistündiges Sportprogramm an, gibt er ihnen das Gefühl, auch auf diesem Gebiet etwas leisten zu können. Die in Paderborn beschäftigten Behinderten haben wöchentlich 90 Minuten die Möglichkeit, Arbeitsplatz mit Turnhalle, Computerteile mit Fußbällen zu tauschen. »Am Anfang waren diese Mitarbeiter skeptisch. Doch jetzt ist diese Zeit etwas Besonderes. Da bekommen sie leuchtende Augen«, erzählt Bendlin, das große Vorbild für so manch einen sportlich interessierten Nixdorfer.

Großartige Perspektiven für Sport und Freizeit eröffnet ihnen allen ein neues Sportzentrum, dessen Bau im Jahre 1982 in Angriff genommen wurde. Im Anschluß an die langgestreckten Produktions- und Ausbildungsstätten schließt sich hier auf diesem riesigen Areal ein Komplex an, der ausschließlich dem Spiel und Sport vorbehalten ist. »Einige Millionen« hat Heinz Nixdorf in diesen Sportpark investiert, dessen Glanzpunkte ein Naturstadion mit einer 400-m-Kunststoffbahn, eine 56×108 m große Halle mit einer 200-m-Rundbahn und ein 2300 m langer Laufpfad mit Steigungen und Gefälle sind. Mehrere kleine Häuser werden hinzukommen, in denen unter anderem der Verein (Nixdorf will die gesamte Anlage auch dem Paderborner Leichtathletik-Club und anderen Vereinen zur Verfügung stellen), Sportmediziner und Hausmeister untergebracht werden sollen: Das ›Olympische Dorf Paderborn‹ ist in greifbare Nähe gerückt.

Vor diesem Hintergrund ist Kurt Bendlin bestrebt, neben dem Breitensport auch den Hochleistungssport zu betreuen, um Spitzensportler zu fördern. So könnte Paderborn, das bereits Hochburg für Volleyball ist, künftig Leistungszentrum für die deutschen Zehnkämpfer werden. Bendlin hat konkrete Vorstellungen: Zum einen möchte er fünf bis sieben Zehnkämpfer der guten bis mittleren Spitzenklasse betreuen, zum anderen jungen Menschen eine Ausbildungsmöglichkeit bieten, bei der sie auch sportlich nicht alleine gelassen werden. Daß einige von ihnen dabei in den Leistungssport hineinwachsen – warum nicht? »Nur muß das alles langsam wachsen. Wir wollen nämlich keine Spitzensportler einkaufen. Vielmehr sollen sie hier im Unternehmen Wurzeln schlagen und berufliche Perspektiven bekommen.«

Heinz Nixdorf und der Sport – ein Engagement, das sich der erfolgreiche Unternehmer Jahr für Jahr einen Millionenbetrag kosten läßt, dem er allerdings nicht nachweint.

mbp oder das Geschäft mit ›neumodischem Elektronenkram‹

Hoesch AG

Januar 1871: Der Krieg tobt, die deutschen Truppen belagern Paris, das ausgehungert und frierend der Stunde seiner Kapitulation entgegensieht. Als in Versailles der deutsche Kaiser proklamiert wird, ist der junge Mann, der in Dortmund das sogenannte Oesterholz an der nördlichen Stadtgrenze abschreitet, von ganz anderen Gedanken bewegt: Der 24jährige Albert Hoesch sieht im Geiste auf dem Feld, das der Geometer vor ihm absteckt, eine mächtige Halle stehen, aus der Funkenregen von Bessemerbirnen sprüht. Wenige Monate später erfüllt sich dieser Traum: Das Bauvorhaben ›Eisen- und Stahlwerk Hoesch‹ beginnt. Am 1. September 1871 wird der Gründungsvertrag geschlossen, das Gesellschaftskapital auf 800 000 Taler festgesetzt: Vater Leopold Hoesch, seine Söhne Wilhelm und Albert sowie seine Vettern Viktor und Eberhard wagen das Abenteuer, brechen vom rheinischen Düren ins Revier auf, um Zeichen zu setzen.

Aus bescheidenen Anfängen entwickelte sich ein internationaler Stahlkonzern, der 1982 einen Umsatz von rund 7,5 Milliarden Mark erzielte. Doch nicht nur ›stählerne‹ Aktivitäten der 38 000 Beschäftigten trugen zu diesem Ergebnis bei: Mit der ›Mathematischer Beratungs- und Programmierdienst GmbH‹ unterhält der Konzern das erste deutsche Software-Haus. Nachdem er bereits 1957 bei der Gründung dieses EDV-Dienstleistungsunternehmens, das 1982 die 50 Millionen Mark-Umsatzgrenze klar überschritt, beteiligt war, übernahm er 1970 sämtliche Geschäftsanteile des Dortmunder Software- und Systemhauses, dessen Dienste weltweit gefragt sind.

Wohl nie zuvor in der Geschichte hat es eine Entwicklung gegeben, die sich so stürmisch vollzogen hat wie die der Datenverarbeitung. Vor einem guten Vierteljahrhundert eine noch fast unbekannte technische Möglichkeit, ist sie heute eine wissenschaftliche Disziplin und ein Tatbestand, der aus allen Gebieten der Forschung, der Wirtschaft, ja sogar der Gesellschaft nicht mehr wegzudenken ist.

So gibt es kaum noch tätige Menschen, die nicht in irgendeiner Form von der Datenverarbeitung tangiert werden.

Auch wenn Mitte der fünfziger Jahre die Lochkartentechnik, das nach Hollerith benannte Verfahren, noch in voller Blüte stand und die Meldungen über neue Entwicklungen in den Vereinigten Staaten als ›neumodischer Elektronenkram‹ abgetan wurden – es fanden sich dennoch Persönlichkeiten mit Weitblick, Mut und Fähigkeit zu unkonventionellem Handeln, um diese zukunftsorientierte, neuartige Idee aufzugreifen und zu realisieren.

Dr. Hans Konrad Schuff hieß der Mann, der im Jahre 1956 am Dortmunder Institut für Spektrochemie und Spektroskopie nach eingehender Beschäftigung mit den neuartigen Rechenmaschinen die revolutionäre Entwicklung klar erkannte: Nicht viel später war der exzellente Mathematiker der bestinformierte Bundesbürger in Fragen elektronischer Rechenanlagen, schuf er eine Loseblattsammlung, die viele Jahre lang Abnehmer und Nachahmer fand.

Die vorhandenen Kenntnisse und die Tatsache, daß das Dortmunder Institut herstellerneutral für die Industrie bei der Anschaffung physikalischer Geräte gutachterlich tätig war, ließ den Gedanken reifen, auch auf dem Gebiet der Rechenanlagen interessierten Kreisen ein solches Angebot zu machen, etwa als Beratungsdienstleistung. Die Realisierung ließ nicht lange auf sich warten: Am 26. Februar 1957 gründeten 14 Firmen aus dem Dortmunder Raum die ›Mathematischer Beratungs- und Programmierungsdienst GmbH‹, kurz mbp. An dem Stammkapital von 100000 Mark war mit 25 Prozent die Hoesch Werke AG beteiligt.

Die ersten Mitarbeiter der neuen Firma waren Dr. Hans Konrad Schuff und Dr. Hans Pärli, der nach dem Tod Schuffs im Jahre 1968 die Leitung der Gesellschaft übernahm und noch heute Sprecher der Geschäftsführung ist. Der Honorarprofessor für das Fachgebiet ›Rechnergestützte betriebliche Datenverarbeitung‹ an der Dortmunder Uni trug in vielfältiger Weise dazu bei, die Disziplin Datenverarbeitung bzw. Informatik in der Bundesrepublik hoffähig zu machen und wegweisende Anstöße zu geben. So wandte er sich schon sehr früh den in den Gründerjahren der Datenverarbeitung äußerst dringlichen Fragen der Ausbildung zu. Bereits im Jahre 1958 veranstaltete der mbp in Zusammenarbeit mit dem Dortmunder Arbeitsamt einen Programmiererlehrgang, das erste herstellerneutrale Ausbildungsangebot dieser Art auf gehobenem Niveau in der Bundesrepublik.

Einsatz und Betrieb von Datenverarbeitungsanlagen sind seither ungleich komplexer geworden. Das Schwergewicht der zu lösenden Aufgaben verlagert sich zunehmend von der Hardware auf die Software, deren Systeme umfangreicher und anspruchsvoller werden. Sie erfordern umfassende, durchdachte Konzepte und moderne Methoden der Realisierung, so zum Beispiel die Konzipierung, Organisation und Realisierung von Lösungen für neue Anwendungsbereiche, die Verbesserung der Wirtschaftlichkeit der EDV im Basissoftware-Bereich oder die Vermittlung von modernen Systemplanungs- und Programmierungstechniken.

mbp bietet ein entsprechend breites Dienstleistungsspektrum, das auf einem umfassenden EDV-Know-how basiert. Von der EDV-Einsatzberatung über die Entwicklung von Informationssystemen für diverse Anwendungsbereiche bis hin zur Fortbildung von EDV-Personal reicht das Angebot. Hinzu kommen die Konzipierung und Realisierung von Betriebs- und Programmiersystemen, die Entwicklung von Sprachen und Compilern, die Automation und Steuerung von Produktionsprozessen sowie die Planung von Rechnerverbund und Computernetzen für Groß- und Kleinrechner. Der Betrieb von eigenen Rechenanlagen zur Bearbeitung von kaufmännischen und technischen Aufgaben rundet das Leistungsspektrum des mbp ab.

Zu den Kunden dieses Software-Hauses, das sich von zwei Mitarbeitern im Jahre 1957 über 150 im Jahre 1970 auf eine Beschäftigtenzahl von mehr als 500 Ende 1982 entwickelt hat, zählen internationale und deutsche Großkonzerne ebenso wie Mittel- und Kleinbetriebe, Behörden, Ingenieurbüros und wissenschaftliche Einrichtungen. »Wir sind mit einem Durchschnittsalter von rund 35 Jahren ein junges Unternehmen. Unsere Fachleute haben überwiegend eine wissenschaftliche Ausbildung in den Fachgebieten Informatik, Mathematik, Natur-, Ingenieur- oder Wirtschaftswissenschaften. Wir achten dabei auf ein ausgewogenes Verhältnis zwischen breiten Fachkenntnissen und Spezialisierung«, erläutert Pärli, der die Gesellschaft so sieht: als gesundes, erfolgreiches Dienstleistungsunternehmen auf dem Gebiet der Datenverarbeitung an der Spitze der einschlägigen Unternehmen in der Bundesrepublik mit einem breiten marktgerechten Aktivitätenspektrum und einer leistungsfähigen Mannschaft, stolz auf seine Vergangenheit, aber zukunftsorientiert.

mbp – eine Konzerngesellschaft von Hoesch, die es frühzeitig verstanden hat, Geschäfte mit dem ›neumodischen Elektronenkram‹ zu machen und damit der Mutter »auch in wirtschaftlicher Hinsicht Freude bereitet«, wie es Hoesch-Chef Detlev Rohwedder formulierte.

Wenn die Leute von der Hütte eine Reise tun ...

Gutehoffnungshütte Aktienverein AG

Die Namen sprechen für sich: M.A.N. Maschinenfabrik Augsburg-Nürnberg AG, Büssing Automobilwerke GmbH, MTU Motoren- und Turbinen-Union Gesellschaften, Ferrostaal AG und SMS Schloemann-Siemag AG – nur eine Auswahl von Unternehmen in den Bereichen Maschinen- und Anlagenbau, Engineering, Handel, Eisenverformung, Kabeltechnik und NE-Metallverarbeitung, die unter dem Dach der Holding Gutehoffnungshütte Aktienverein AG operieren.

Das Unternehmen reicht in seinen Anfängen bis in die Mitte des 18. Jahrhunderts zurück und gilt somit als Begründer der Schwerindustrie des Ruhrgebietes. Mit seinen 87000 Beschäftigten und einem Umsatz von 18,7 Milliarden Mark im Geschäftsjahr 1981/82 gilt ›die Hütte‹ als die größte Gruppe der schwerindustriellen Weiterverarbeitung in Westeuropa.

Ein paar Promille zu diesem Gesamtumsatz trug eine Abteilung des Unternehmens bei, die in den in Alt-Oberhausen und Sterkrade gelegenen Verkaufsräumen unter anderem Mallorca- und Ibiza-Reisen für jedermann anbietet: das ›Reisebüro Gutehoffnungshütte – Ihr Partner für gut geplante Reisen‹. Was im Jahre 1925 mit zwei Beamten begann, hat sich mittlerweile zu den beiden größten Reisebüros der Stadt Oberhausen entwickelt.

Der Blick in das Ladenlokal mit seiner langen Theke, hinter der junge Damen Kursbücher, Flugpläne und Kataloge wälzen, läßt Fernweh aufkommen. »Pulsierendes Leben in Nassau. Oder geruhsame Badeferien. Sonne, Strand und Wassersport«, lauten die Zeilen unter dem großformatigen Bild, das dort oben an der Wand einen Hauch vom Duft der großen, weiten Welt durch den Geschäftsraum wehen läßt. Zwei, drei Meter weiter ist es die verschneite Bergwelt der französischen Schneealpen, die – von der Sonne verwöhnt – das Herz eines jeden Ski-Enthusiasten höher schlagen läßt. Und dann die bunte Vielfalt der Prospekte, die in den Regalen die Urlaubsstimmung so greifbar nahe macht: Die Kenia-Experten lassen Löwen und Zebras für sich sprechen, die Tennisschulen John McEnroe beidhändig geschlagene Rückhand demonstrieren, die Ungarn Zigeunerweisen und Zimbalklänge ertönen: Die heile Welt der Reisebüros spiegelt sich auch in diesem Viereck deutlich wider.

Doch dieses Reisebüro hier in der Oberhausener Poststraße, das auf den Besucher diesen alltäglichen Branchen-Eindruck macht, ist gar nicht so typisch für diese Szene. Wer glaubte, daß sein Name ›Reisebüro Gutehoffnungshütte‹ auf ein bestimmtes hölzernes Ziel irgendwo in den Bergen aufmerksam macht, wird schnell eines Besseren belehrt: Dieser Sonnen-, Strand- und Wasser-Händler ist nichts anderes als eine Abteilung der Allgemeinen Verwaltung des M.A.N.-Unternehmensbereiches GHH Sterkrade, wie es sich offiziell liest. Statt Werkzeugmaschinen verkauft sie Bangkok, statt Kabel Mombasa – an jedermann, versteht sich. Ein Blick rund sechs Jahrzehnte zurück, als die Oberhausener und Sterkrader noch im nahen Rhein statt im fernen Atlantik baden gingen, läßt die Anfänge dieses Serviceunternehmens erkennen. Damals hatte die Abteilung T (für Tarif) in der Hauptverwaltung der Gutehoffnungshütte in Alt-Oberhausen zahlreiche Aufgaben. So mußte sie den geschäftsreisenden Mitarbeitern Auskünfte über Fahrzeiten und Bahntarife erteilen sowie Fahrkarten und Übernachtungsmöglichkeiten besorgen. Ein mitunter problemreiches Unterfangen, residierten die nächstgelegenen Reisebüros in Essen und in Köln. Teure Ferngespräche und ständiges Abholen der Unterlagen durch Boten waren die Folgen. So mußten 1924 für die in diesem Jahr insgesamt 263 Hütten-Reisenden zehn Prozent der Reisekosten in Höhe von 15000 Reichsmark allein für die Besorgung der Tickets auf den Tisch gelegt werden, sprich 1500 Reichsmark.

Das war zuviel. Warum, so dachte man in Alt-Oberhausen laut nach, sollte es dem Unternehmen nicht ermöglicht werden, diese zeit- und kostenintensive Beschaffung durch eine Einrichtung im eigenen Hause schneller und billiger erledigen zu lassen? Eine Überlegung, die nach endlosen Diskussionen letztendlich Zustimmung fand. So wurde zunächst versucht, eine Vertreterlizenz des Mitteleuropäischen Reisebüros zu erhalten, dem Vorläufer des heutigen Deutschen Reisebüros (DER). Dies bedeutete die Erlaubnis, Fahrkarten zum amtlichen Preis ausstellen zu dürfen. Die Genehmigung wurde denn später auch erteilt, allerdings unter der Voraussetzung, ein öffentliches Reisebüro einzurichten. Die ursprüngliche Idee, nur den eigenen Bedarf zu decken, wurde dadurch hinfällig.

Am 6. Juli 1925 war es soweit: In der Essener Straße 80 öffnete gegenüber der damaligen GHH-Hauptverwaltung das erste Oberhausener Reisebüro seine Pforten. Zu den Aufgaben der dort tätigen zwei GHH-Beamten gehörte der Verkauf von Übernachtungen und Bahnfahrkarten im In- und Ausland sowie von Schiffsfahrscheinen. Es dauerte nicht lange, da fanden auch die ersten Flugtickets dankbare Abnehmer, nachdem der regionale Luftverkehr die ersten Flugversuche heil überstanden hatte. Schon damals war übrigens eine Reisegepäckversicherung nichts Außergewöhnliches, angeboten von der Europäischen Reiseversicherung, die heute die Nase in diesem Markt ganz weit vorne hat – sie hatte schon früh den richtigen Riecher!

Das Geschäft mit der Ferne lief. Das Angebot der GHH-Reiseexperten an die IHK-Mitgliedsfirmen und Betriebe in der weiteren Umgebung, auch sie mit den notwendigen Fahrkarten zu versorgen, wurde dankend akzeptiert. Nicht zuletzt auf Wunsch des Oberbürgermeisters, der im öffentlichen Interesse um eine Verlegung des Büros in die Innenstadt bat, zog die ›Touristik-Abteilung‹ der GHH im Jahre 1931 zum Hauptbahnhof um. Neun Jahre später fand sie dann ihr endgültiges Domizil eine Ecke weiter, in dem sie heute – wenn auch in modernisierten Räumen – ihre Dienste anbietet. Nach den Jahren des Wiederaufbaus schnellten die Reiseaktivitäten in den Unternehmen wieder spürbar in die Höhe – ein zweites Reisebüro wurde erforderlich, das 1954 in Sterkrade eröffnet wurde und nunmehr gegenüber der später dorthin übergesiedelten GHH-Hauptverwaltung liegt.

Heute stellt sich die – pardon – ›Ticket-Abteilung‹ des Konzerns so dar: Zwei Vollreisebüros in Oberhausen (15 Beschäftigte) und Sterkrade (20) mit einer Außenstelle in Dortmund (2) und Düsseldorf (3). Vollreisebüros – das bedeutet, daß hier sowohl touristische Reisen als auch Bahn-, Schiffs- und Flugkarten verkauft werden: Verkaufsagentur Deutsche Bundesbahn, Vertretung Deutsches Reisebüro GmbH und IATA-Flugreisebüro steht's denn auch auf den Drucksachen geschrieben, womit nur noch ein Mitbewerber in Oberhausen konkurrieren kann. Hier liegt denn auch der Schwerpunkt der beiden GHH-Reisebüros, deren ständig steigender Umsatz zu 70 Prozent durch das Firmenreisegeschäft mit dem eigenen Konzern, aber auch mit zahlreichen anderen Unternehmen bestimmt wird. So verbleiben zum Beispiel bei dem konzerneigenen

Geschäft in zweistelliger Millionenhöhe die Provisionen, die normalerweise in die Kassen der jeweils in Anspruch genommenen Reisebüros wandern würden, im eigenen Haus.

Die restlichen 30 Prozent des Gesamtumsatzes entfallen auf den Privattourismus. Versteht sich wohl von selbst, daß ›die Leute von der Hütte‹ ihren Urlaub im eigenen Reisebüro buchen, in dem die meisten großen Veranstalter vertreten sind, ob sie Touropa oder Scharnow, Tigges oder airtours heißen. Darüber hinaus bieten die beiden Büros zahlreiche Spezialreisen an, die sie zum Teil selbst organisieren, sei es auf die Philippinen oder nach Wien. Da ist die Gefahr ausgeschlossen, die immer wieder auf die Mitarbeiter in Oberhausen und Sterkrade lauert, wenn Firmenreisen in den afrikanischen Busch oder südamerikanische Urwaldregionen auf den Tisch flattern: »Da gibt es Ziele, von denen selbst die erfahrensten Reisebüro-Kaufleute noch nie etwas gehört haben«, merkt der Oberhausener Büroleiter Wolfgang Friderich an. Doch wenn's dann auch schon einmal etwas länger dauert bei der Suche nach der richtigen Route – bislang hat sich das Motto ›Reisebüro Gutehoffnungshütte – Ihr Partner für gut geplante Reisen‹ immer noch bewährt, sei es für den eintägigen Busausflug oder die dreimonatige Weltreise, die von den Touristikexperten der Gutehoffnungshütte individuell ausgetüftelt wird.

Ein Kraftwerk ›in voller Blüte‹

Nordwestdeutsche Kraftwerke AG

Seit mehr als einem Dreivierteljahrhundert erzeugt und liefert die Nordwestdeutsche Kraftwerke AG – bis 1925 unter ›Siemens Elektrische Betriebe AG‹ firmierend – elektrische Energie für den nordwestdeutschen Küstenraum. Das Versorgungsgebiet der NWK reicht von der holländischen bis zur dänischen Grenze und bis zur Ostsee. Es umfaßt ein Siebtel des Bundesgebietes und beträgt 34000 Quadratkilometer. In diesem Gebiet leben 4,6 Millionen Menschen.

NWK zählt zu den größten Stromerzeugern in der Bundesrepublik. Als Tochtergesellschaft der ›Preußische Elektrizitäts-AG‹ (Preußenelektra) ist es ein Unternehmen der VEBA AG, an dem der Bund wesentlich beteiligt ist.

Die Stromerzeugung erfolgt in leistungsstarken Kraftwerken. NWK besitzt 13 eigene Kraftwerke und ist an vier weiteren beteiligt. Über ein ausgedehntes, weit verzweigtes Hochspannungsnetz mit mehr als 8000 Kilometern fließt der Strom von den Kraftwerken direkt zu einigen Industrieabnehmern, überwiegend jedoch zu regionalen und kommunalen Versorgungsunternehmen, die dann den Endverbraucher beliefern. Innerhalb des westeuropäischen Verbundnetzes steht die NWK im Energieaustausch mit benachbarten Elektrizitätsversorgungsunternehmen.

Mit rund 3300 Mitarbeitern sorgt die NWK dafür, daß nicht nur der elektrische Strom jederzeit in ausreichender Menge zur Verfügung steht: Das Anfang dieses Jahrhunderts gestartete Torfkraftwerk-Engagement im ostfriesischen Wiesmoor hatte die Gründung der NWK-Tochtergesellschaft ›Wiesmoor-Gärtnerei und Baumschule GmbH‹ zur Folge, die 1982 rund 4,5 Millionen Topfpflanzen ins gesamte Bundesgebiet lieferte.

»Für die erste Generation den Tod, für die zweite die Not, für die dritte das Brot.« Mit diesen Worten umreißt eine ostfriesische Weisheit sehr deutlich die kümmerliche Existenz der Moorkolonisten. Auch wenn heute die Überreste des nach der Kultivierung verbliebenen Moores als zu schützende Naturlandschaften eingestuft werden, so waren die vor 6000 bis 8000 Jahren in den regenreichen Niederungen der norddeutschen Küstengebiete entstandenen Hochmoore eher menschenfeindlich. Erst durch ihre mühsame Urbarmachung gaben sie fruchtbaren Boden her.

So beschreibt denn auch eine alte Monographie das unwirtliche Wiesmoor im Herzen Ostfrieslands wie folgt: »Wenn man von Osten her aus dem bewaldeten Oldenburg kommt und heraustritt aus dem Dunkel der Bäume, so dehnt sich vor den Augen das Moor in einer Weite und Einsamkeit, die wahrhaft schauerlich wirkt . . .«

Heute liest es sich wie in einer anderen Welt: »Blühender Mittelpunkt in einst mooriger Landschaft, Zentrum für bunte Pflanzen und andere Edelgewächse für Haus und Garten – das ist Wiesmoor.« Bis weit in die Bundesrepublik kennt man sie heute, die freundlichen Boten der Natur für Fensterbank und Blumenbeet. Für ihre Bekanntheit hat die ›Wiesmoor-Gärtnerei und Baumschule GmbH‹ gesorgt, eine Tochtergesellschaft der ›Nordwestdeutsche Kraftwerke AG‹.

Jahrtausende hatte das Moor totgelegen, ehe die Elektrizität das Ödland in wenigen Jahrzehnten in ein blühendes Gartenland verwandelte. 1909 begann diese langersehnte Entwicklung mit dem Bau eines Torfkraftwerkes durch die ›Siemens Elektrische Betriebe AG‹. Der abgebaute Torf diente als Brennstoff zur Erzeugung von Strom, der die umliegenden Orte Ostfrieslands mit Licht, Wärme und Kraft versorgte. Die vermeintliche Armut des Moores erwies sich immer mehr als Reichtum.

Als 1925 die ›Siemens Elektrische Betriebe AG‹ in ›Nordwestdeutsche Kraftwerke AG‹ umfirmierte, erfolgte der Bau von Gewächshäusern für Gemüsekulturen. Denn das durch den Torfabbau gewonnene Land und die anfallende Abwärme des Torfkraftwerkes bildeten beste Voraussetzungen unter anderem für einen großangelegten industriellen Gemüseanbaubetrieb. In seiner Endausbaustufe umfaßte der nach dem Vorbild der niederländischen Nachbarn errichtete Betrieb eine Unterglasfläche von 75000 Quadratmetern. Als Frühgemüse erwiesen sich damals Gurken und Tomaten als der große Renner, während als Zwischen- und Nebenkulturen Bohnen, Melonen, Kohlrabi und Erdbeeren Abnehmer in ganz Deutschland, aber auch im benachbarten Ausland fanden.

In den 50er Jahren stand die Gemüseabteilung des Kraftwerk-Unternehmens ›in voller Blüte‹, ergänzten Champignons das Angebot, das sich jährlich auf 2,5 Millionen Gurken, mehr als 200000 Kilogramm Tomaten und rund 300000 Kilogramm Champignons addierte. Aus dieser Zeit erzählt man sich auch heute gelegentlich noch die Geschichte von der Ernennung der Nordwestdeutsche Kraftwerke AG zum Hoflieferanten des schwedischen Königshauses: Jahr für Jahr ging im März ein kleiner Geschenkkorb mit den ersten Treibhauserdbeeren auf den Weg nach Stockholm.

Die zu Ende gehenden Torfabbauflächen und neue Formen der Energiegewinnung läuteten Mitte der 60er Jahre das Ende der ›Gemüse-Ära‹ ein. 1964 fiel das älteste Kraftwerk der NWK, das Torfkraftwerk Wiesmoor mit einer Leistung von 14 Megawatt, der Spitzhacke zum Opfer. Ersetzt wurde es vier Jahre später durch ein ferngesteuertes 25-Megawatt-Gasturbinenkraftwerk.

Dem Torf folgte Gas, dem Gemüse folgten Blumen: Nachdem aufgrund des Fortfalls der billigen Abwärme und der mittlerweile antiquierten Anlagen mit dem Ende des NWK-Gartenbaus in Wiesmoor gerechnet werden mußte, war die Begeisterung über die positive Entscheidung der Kraftwerker um so größer: Die bis zu 40 Jahre alten Gewächshäuser wurden abgebrochen und 1965 durch neue ersetzt, die zu den modernsten und größten Europas zählen. Auf einer Gesamtfläche von 72000 Quadratmetern werden nun Jahr für Jahr rund 4,5 Millionen Topfpflanzen herangezogen. Als Blütenpflanzen besonders gefragt sind nahezu ganzjährig produzierte Chrysanthemen in allen Farbtönen, Azaleen, Kalanchoe, Weihnachtssterne, Begonien und Hibiskus. Bei den Blattpflanzen liegen Efeu, Maranta sowie Scindapsus ganz vorne in der Gunst der Blumenfreunde.

4,5 Millionen Topfpflanzen jährlich, verteilt auf 30 verschiedene Pflanzenarten, erfordern eine ausgefeilte Absatzorganisation. So liefern im gesamten Bundesgebiet, von Flensburg bis Passau, klimatisierte Speziallastzüge ihre Topfblumenfracht stützpunktartig an Großhändler oder Gartenbaubetriebe, die mit den Wiesmoor-Erzeugnissen ihr eigenes Angebot abrunden.

Wiesmoor-Blumen werden unbesehen per Telefon gekauft. Denn alle Pflanzen einer Gattung sind gleich in Größe, Wuchsform, Blatt- und Blütenbildung. Der Pflanzenwuchs wird zentral gesteuert. Die Schaltwarte regelt vollautomatisch die für ein optimales Wachstum der einzelnen Pflanzenarten erforderlichen Temperaturen. Eine Sprühanlage sorgt für pflanzengerechte Luftfeuchtigkeit in den einzelnen Gewächshausabteilungen. Mit Hilfe von Verdunkelungsanlagen und künstlichem Licht wird die Tageslänge bestimmt. Die Blütenbildung tageslängenabhängiger Pflanzen kann also vorausgeplant, der Versandtermin somit vorher festgelegt werden. Chrysanthemen zum Beispiel blühen normalerweise im Herbst, dank der Automatik in Wiesmoor dagegen das ganze Jahr.

Das zweite Bein der NWK-Tochtergesellschaft ist die Baumschulabteilung mit rund 60 Mitarbeitern. Auf einer 90 Hektar großen Anbaufläche wachsen die für die Landschaft typischen Moorbeetpflanzen wie Rhododendren, Freilandazaleen, Eriken und Callunen (Heide), daneben zunehmend Koniferen, die mit ihrem kräftig ausgebildeten Wurzelballen ein problemloses Weiterwachsen auf allen Böden und in allen Klimabereichen ermöglichen. Das vom Bund deutscher Baumschulen e.V. verliehene Qualitätszeichen ›BdB-Markenbaumschule‹ spricht für die Güte der Wiesmoor-Erzeugnisse.

Auch wenn sich in den letzten Jahren mittelständische Unternehmen verschiedener Branchen in Wiesmoor angesiedelt haben – Gärtnereien und Baumschulen bestimmen auch heute noch das Bild der Großgemeinde, haben die NWK-Betriebe nach wie vor einen bedeutenden Anteil an der Wirtschaftskraft des blühenden Wiesmoor. Ein Torfkraftwerk machte es möglich.

Ein Tag im Brenner's – »wie eine Symphonie«

Kommanditgesellschaft Dr. August Oetker

Ein junger Apotheker namens Dr. August Oetker war es, der »etwas ganz Besonderes schaffen« wollte – sein Wunsch sollte in Erfüllung gehen. 1862 als eines von zehn Bäckermeister-Kindern geboren, kannte er die Mühen der Hausfrau beim Backen aus erster Hand. So suchte er in seiner Experimentierstube nach einem Treibmittel, das ihm in den Jahren 1891/92 dann auch gelang. Sein ›Backin‹ für je ein Pfund Mehl packte der clevere Jung-Unternehmer in kleine Tüten für zehn Pfennig ab – bald konnte Oetker seine Apotheke schließen und sich nur noch der Backpulver-Produktion widmen, die um die Jahrhundertwende den Grundstein zu einem der heute größten Familienunternehmen legte.

August Oetkers Enkel Rudolf August, der 1944 als 28jähriger die Leitung der Dr. August Oetker Nährmittelfabrik in Bielefeld übernahm, entwickelte die Unternehmensgruppe bis zu seinem Ausscheiden anno 1981 zu einem weitverzweigten Wirtschaftsimperium. Heute steht sein Sohn August, Urenkel des Gründers, mit an der Spitze dieses Konzerns, dessen Umsatz die 3-Milliarden-Mark-Grenze mittlerweile überschritten hat. Ob Nahrungsmittel oder Versicherungen, Schiffahrt oder Banken – die Aktivitäten der Oetker-Gruppe sind breit gestreut.

Eine kleine, aber äußerst feine Diversifikation, die von der Familie stets nur am Rande erwähnt wird, sind die vier Spitzenhotels ›Brenner's Park-Hotel‹ in Baden-Baden, ›Grand Hotel du Cap‹ in Antibes, ›Le Bristol‹ in Paris und ›Parkhotel Vitznau‹ am Vierwaldstätter See. Vor allem das noble Brenner's ist es, in das sich »der Inhaber«, wie Kunstfreund Rudolf August Oetker von seinen Mitarbeitern gerne genannt wird, hin und wieder für ein paar Tage zurückzieht.

»Wie auf ein Zauberwort eröffnet sich Ihnen eine heile Welt, von der Sie glaubten, sie sei Vergangenheit. Aber sie lebt weiter in einer Oase der Harmonie, der Vornehmheit, der eigenwilligen Eleganz – jener einzigartigen Komposition des Behagens und der Tradition, die sich Brenner's Park-Hotel nennt. Treten Sie ein in diese Sphäre einer heilen Welt, die Sie faszinieren wird. Schreiten Sie unter schattigen Linden die Lichtentaler Allee entlang. Das Plätschern der Oos begleitet Sie. Und dann plötzlich baut sich vor Ihnen die prächtige klassizistische Fassade von Brenner's Park-Hotel auf. Über liebevoll gepflegtem Grün, Blütenbergen und uralten Bäumen liegt der Hotelkomplex, mit heiteren Sonnenmarkisen, die munteren Farbklecksen gleich hingetupft scheinen . . .«

Weltweit mögen es vielleicht zehn, vielleicht zwanzig Grandhotels sein, in denen sich namhafte Journalisten aller Couleur jahrein, jahraus ein Stelldichein geben, um diese Szenerie in den schillerndsten Farben zu schildern wie in der eben zitierten Hausinformation von Brenner's – die Baden-Badener Nobelherberge mit ihrer mehr als hundertjährigen Geschichte zählt zweifellos zu diesen ersten Adressen. Der aus der Gegend von Pforzheim stammende Hofkleidermacher Anton Alois Brenner war es, der im Jahre 1872 als Branchenfremder das zwölf Jahre zuvor gerade noch rechtzeitig zu dem von Napoleon III. einberufenen deutschen Fürstentag fertiggestellte Hotel ›Stephanie-les-Bains‹ kaufte. Der Kaiser der Franzosen hatte selbst in dem von dem Pariser Bankhaus Alexandre und Joseph Beaussier & Cie. erworbenen Haus gewohnt, dessen Restaurant vom Küchenmeister des weltberühmten Café de Paris, Monsieur Martin, geleitet wurde.

Als der Hofkleidermacher Brenner das stark herabgewirtschaftete, von Zwangsversteigerung bedrohte Hotel für 171 000 Gulden übernahm, hatte der Deutsch-Französische Krieg zwei Jahre zuvor der Belle Epoque Baden-Badens, die dem Ort Weltruhm verschafft hatte, ein jähes Ende gesetzt, wurde auf Ersuchen der neuen deutschen Reichsregierung die Spielbank im Kurhaus als letztes deutsches Kasino geschlossen. Dennoch gelang es dem Branchenneuling, mit Hilfe seines Schwiegersohnes, der die Hotelleitung übernahm, das später in ›Stephanienbad‹ umgetaufte Haus so aufzubauen, daß es dem Vergleich mit den beiden führenden Hotels am Ort standhalten konnte. Die Politik Brenners war aufgrund der Veränderungen in dem nunmehr still-gediegenen Kurort längerfristig darauf ausgerichtet, das Stephanienbad entweder zu einem Kurhotel umzubauen oder durch ein Sanatorium zu ergänzen.

Brenners Sohn Camille, der 1883 das Haus für eine halbe Million übernahm, blieb es vorbehalten, diesen Plan zu realisieren. Der gelernte Textilkaufmann ließ das Haupthaus aufstocken und das angrenzende Badehaus aus der Zeit der Franzosen modernisieren.

Das kurz ›Stephanie‹ genannte Hotel zog sehr schnell illustre Gäste an, so den Kaiser Dom Pedro von Brasilien und die Großfürstin Olga von Rußland. Und das Geschäft mit den Besuchern aus aller Welt florierte. Brenner baute als exklusive Dependancen die ›Villa Stephanie‹, in der heute die ›Schwarzwald-Klinik‹ ihre heilenden Dienste anbietet, und die ›Villa Imperiale‹ (später ›Villa Augusta‹). 1898 erwarb der erfolgreiche Hotelier den angrenzenden Besitz des rumänischen Fürsten Stourdza – zwei Jahre später öffnete hier ein neuer, fünfstöckiger Hotelflügel seine Türen, das heutige ›Haus des Kurgastes‹.

Der Baden-Badener Journalist Klaus Fischer schildert das nunmehr unbestritten erste Haus am Platze so: »Höchster Luxus und jeder erdenkliche Service waren für die Gäste des Stephanie gerade gut genug. Die Zimmer enthielten Stilmöbel und wertvolle Teppiche. Selbstverständlich besaß das Hotel schon damals in der Zeit vor dem Ersten Weltkrieg alle technischen Einrichtungen, die damals der letzte Schrei waren, zum Beispiel Telefon in allen Räumen, Rohrpost, elektrische Uhren, Kühlanlagen, ja sogar ein eigenes Elektrizitätswerk.«

Camille Brenner, dessen Lebensweg sich oft mit dem seines Altersgenossen und Kollegen Cesar Ritz kreuzte, konnte 1912 sein Hotelimperium noch erweitern: Das benachbarte ›Minerva‹ baute er um und eröffnete es ein Jahr später als ›Sanatorium Stephanie‹ – der langgehegte Plan einer Kombination zwischen Grandhotel und Heilstätte war endlich verwirklicht. Im Jahre 1914 starb Camille Brenner auf einer Erholungsreise an die Riviera an einer Lungenentzündung. Nach dem Krieg übernahmen dann seine Söhne Kurt und Alfred die Leitung der zwischenzeitlich geschlossenen Anlage, deren Wert auf neun Millionen Goldmark geschätzt wurde. Kurt Brenner begrub die Sanatoriums-Idee: 1919 wurde aus dem 160-Betten-Haus Sanatorium Stephanie kurzerhand ›Brenner's Park-Hotel‹.

Dieses Jahr 1919 stellte in der europäischen Hotelgeschichte einen Wendepunkt dar. Der Währungsverfall zehrte viele Familienvermögen auf, der russische Adel war auf der Flucht, Auslandsaufenthalte wurden erschwert – die Hotelpaläste verfielen, ihre Eigentümer machten bankrott. Vor allem aufgrund der zahlreichen amerikanischen Gäste blieb den Brenner-Häusern dieses Schicksal, das führende Hoteliers ereilte, erspart. An der Oos war nicht die entwertete Mark, sondern der Dollar das begehrteste Zahlungsmittel. Brenner gelang es sogar noch in dieser Zeit, seine Anlage durch

Zukauf weiterer benachbarter Grundstücke nach und nach zu erweitern.

Doch auch der so vom Erfolg verwöhnte Hotelier sollte andere Zeiten erleben. Der New Yorker Börsenkrach des Herbstes 1929 hatte den internationalen Reiseverkehr stark beeinträchtigt – die Gäste blieben aus. Darüber hinaus ließ die Massenarbeitslosigkeit in Deutschland eine allgemeine Mißstimmung gegen die Grandhotels, die Oasen der Reichen, aufkommen. Erst 1937 erreichte die Gästefrequenz von ›Stephanie‹ und ›Brenner's Park-Hotel‹ wieder das Ergebnis von 1929. Einer gewissen Schicht von Bankiers und Industriellen, Wissenschaftlern und Künstlern zwang die Wirtschaftsflaute indes keine Änderung ihres savoir vivre auf. Wer die Gästebücher aus diesen Jahren durchblättert, entdeckt zahllose prominente Namenszüge wie Henry Ford, Hugo Stinnes und Daniel Guggenheim, Elisabeth Bergner, Franz Léhar und Gerhart Hauptmann, den – so erzählen sich die Einheimischen – man morgens um sechs in Knickerbocker sinnend über die Lichtentaler Allee ziehen sah. Aber auch die Politiker wußten die Gastlichkeit im Hause Brenner zu schätzen, allen voran Gustav Stresemann und Sir Neville Chamberlain.

Im August 1939 wurden die beiden Häuser geschlossen, 1941 wiedereröffnet. In diesem Jahr verkauften Kurt und Alfred Brenner ihre Aktienmehrheit an die Bielefelder Familie Oetker. Alfred Brenner begründete diesen Schritt so: »Wir waren uns darüber im klaren, daß wir nach Kriegsende finanziell nicht mehr in der Lage sein würden, die dann notwendigen Investitionen vorzunehmen. Unsere Gesellschaft hatte während der zweijährigen Schließung des Hotels ihre flüssigen Mittel verloren.«

Von April 1945 bis 1950 an diente Brenner's Park-Hotel der französischen Besatzungsmacht als Hauptquartier. Das ältere Stephanie, das die Franzosen als Bürogebäude nutzten und das erst im Dezember 1956 freigegeben wurde, verkauften die Gesellschafter der Brenner AG an die Bäder- und Kurverwaltung Baden-Baden, während die beiden Dependancen Villa Stephanie und Villa Augusta mit dem Park-Hotel und seinen Altbauten vereinigt wurde. Ein Hotel, das auch die Folgen des Zweiten Weltkrieges relativ schnell überwinden konnte. Ob der Herzog von Windsor oder König Paul von Griechenland, der Schah von Persien oder Paul J. Getty – die namhaftesten Persönlichkeiten der internationalen Gesellschaft begrüßten auch fortan Alfred Brenner wie einen alten Freund.

Sehr viel größere Probleme bereitete dem Traditionshaus die

›touristische Revolution‹ in den sechziger Jahren mit dem aufkommenden Massentransporten an Spaniens Küste, nach Mallorca oder Ibiza, auf die es nur schwach reagierte – man vertraute halt auf die Gäste von eh und je. Ein Fehler, wie sich herausstellte, konnten diese allein doch ein ganzjährig geöffnetes Hotel mit 170 Zimmern sowie 30 Suiten und Appartements nicht mehr tragen: Neue Gäste mußten her!

Konzernchef Rudolf August Oetker, seit 1959 alleiniger Kommanditist der Brenner Hotel KG, war bereit, in die dafür erforderliche Modernisierung der Hotelanlage größere Summen zu investieren. Nach dem Abschied von Alfred Brenner im Jahre 1969 – die Ära Brenner der Baden-Badener Hotelgeschichte ging damit nach fast hundert Jahren zu Ende – ließ das neue Management die Parkvilla vollständig renovieren, ein den großen Speisesaal ergänzendes Restaurant (›Schwarzwaldgrill‹) öffnen und den Hotelpark neu gestalten.

Die Modernisierung des Hotels machte rasche Fortschritte – kaum ein Jahr, in denen nicht die Handwerker die altehrwürdige Anlage ›auf Vordermann brachten‹. 1975 konnte Hoteldirektor Richard Schmitz den Grundstein für den Bau des römischen Badetempels, eines der schönsten Hallenbäder überhaupt, legen, das im Oktober desselben Jahres eingeweiht wurde. Kurz danach wurde der Umbau der beiden Villen Stephanie und Augusta in die Schwarzwaldklinik Villa Stephanie in Angriff genommen, die 1977 ihre Dienste aufnahm. Und wiederum zwei Jahre danach wurde das Serviceangebot für den umworbenen Gast durch die Eröffnung der ›Lancaster Beauty Farm‹ im Hause um ein weiteres Positivum erweitert, das Schmitz so begründet: »Ich habe viele Jahre lang die internationale Szenerie der Schönheitsinstitute beobachtet und entsprechende Einrichtungen etwa in den USA besucht, die trotz ihrer hohen Preise äußerst gefragt sind. Und nachdem ich mich hierzulande davon überzeugt hatte, daß professionell aufgezogene Beauty-Farmen auch bei uns florieren können, haben wir uns entschlossen, in der für Schönheit und Mode prädestinierten Stadt Baden-Baden eine offenkundige Marktlücke – nicht nur für unsere Hausgäste – zu schließen.«

Brenner's Park-Hotel, das lange Jahre nach der endgültigen Übernahme durch Oetker in der Zeit hoher Investitionen dunkelrote Zahlen schrieb, hat aufgrund des geschickt agierenden und vorausschauenden Managements unter der Leitung von Richard Schmitz die Wende geschafft: Seit Ende der siebziger Jahre ist die

Verlustphase bei einem jährlichen Umsatz von geschätzten knapp 15 Millionen Mark überwunden, hat das Haus es verstanden, neue Gästekreise nicht nur anzusprechen, sondern sie auch vor Ort von der zu Beginn zitierten »heilen Welt« zu überzeugen.

Vielleicht haben sie das altehrwürdige Hotel mit all seinen Besonderheiten genauso erlebt, wie es eine französische Journalistin niedergeschrieben hat: »Ein Tag im Brenner's ist wie eine Symphonie. Er beginnt mit dem zarten Allegro des Vogelsingsangs, die Sonnenstrahlen bringen das Andante und lassen eine ganze bunte Regenbogenwelt erstehen. Die Fontänen spielen ihr munteres Scherzo, und unendliche Harmonie regiert im Allegro. Brenner's ist inspiriert von den Châteaux français, und ihr Fluidum lebt spürbar weiter in seinen Hallen und Salons. Kostbare Tapisserie, Gobelins, feine Bucharas, Heris und Saruks, venezianische Lüster, Louis-XV.-Kommoden . . .«

Brenner's Park-Hotel – ein Tag ist wie eine Symphonie. Einen schöneren Dank kann man dem Eigentümer kaum für seine Liebe zu mehr als nur einem Hauch von Luxus zollen, für den in seinem Imperium ansonsten nur wenig Platz ist.

Die feine Adresse des »Kaufmanns aus Mülheim«

Stinnes AG

Als ein noch junger Mann namens Mathias Stinnes anno 1808 in Mülheim an der Ruhr eine eigene Kohlenhandlung gründete, konnte er nicht ahnen, daß er damit den Grundstein für das heute größte deutsche Handels- und Verkehrsunternehmen gelegt hatte. Die Kohle nimmt immer noch einen bedeutenden Platz bei der Stinnes AG ein, deren Aktienmehrheit seit 1965 die Veba AG hält. Auch das Öl hat einen wesentlichen Anteil am internationalen Brennstoffgeschäft. Doch ob mit Chemikalien, Erzen oder Stahlprodukten, Tankern, Kfz-Zubehör oder Lokomotiven, ob in Baumärkten, Werften oder SB-Warenhäusern: Die Firmen der weltweit tätigen Stinnes-Gruppe versorgen als Mittler am Markt täglich Millionen Menschen mit Gütern und Dienstleistungen. Mit mehr als 20000 Mitarbeitern in vielen Ländern der Erde erwirtschaftet der Konzern einen jährlichen Umsatz von rund 20 Milliarden Mark.

Hugo Stinnes, der Enkel des Firmengründers, war es, der in den Jahren 1892 bis 1924 die Schaffung dieses ›größten deutschen Gemischtwarenladens‹ in die Wege leitete. Er zeichnet auch dafür verantwortlich, daß die Stinnes AG eine besonders feine Adresse in ihrer rund 300 Namen zählenden Aufstellung der Konzernunternehmen ausweist, die ›Hotel Nassauer Hof GmbH‹ in Wiesbaden, sprich eines der wenigen bundesdeutschen Grandhotels mit Weltruf.

»Ich bin in der glücklichen Lage, ein Haus zu leiten, das zu einem der besten des Landes gezählt werden darf. Durch gezielte Politik der Eigner-Gruppe wird mir die Möglichkeit gegeben, ein traditionelles Haus auf höchstem Niveau weiterzuführen. Ich gestehe ein, daß sich wegen der extrem veränderten Kostenstruktur heute auch für ein Renomée-Hotel Probleme ergeben können. Da wir jedoch darauf bedacht sind, neue Stammkunden zu gewinnen und die einheimische Bevölkerung, auf die wir besonderen Wert legen, mit einzubeziehen, können wir getrost in die Zukunft schauen. Aus der

Vergangenheit abgeleitet haben wir gelernt, daß unser Haus auch heute aufgrund seiner spezifischen Struktur nur als Luxushotel existenzfähig sein kann.«

Karl Nüser heißt der Mann »in der glücklichen Lage«, ›Nassauer Hof‹ das Haus, »das zu einem der besten des Landes gezählt werden darf«. Der Optimismus, den der geschäftsführende Direktor der Wiesbadener Nobelherberge in seinen Worten erkennen läßt, resultiert nicht zuletzt aus der Branchenentwicklung, die – wenn auch nur im gehobenen Genre – antizyklisch verläuft: »In dieser Zeit der Uniformität, der Technisierung des Lebensraumes, ist das Verlangen der Gäste nach Individualität, privater Atmosphäre und Service besonders stark. Man drängt unverändert nach Luxus, vor allem in der Zeit der Krise. Allerdings wird die Klientel kleiner und die Abhängigkeit von den Stammgästen größer«, meint Nüser.

Man drängt unverändert nach Luxus – in dieses Bild passen die wohlformulierten Sätze des Stadtführers ›Wiesbaden wunderbar‹, der das Haus neben dem Kasino, dem Biebricher Schloß und der Nero-Bergbahn zu den Wahrzeichen der hessischen Landeshauptstadt zählt: »Wie Gott in Frankreich kann man auch als Gast im Nassauer Hof leben. Verwunschener Märchenwald und manikürte Parks in der Umgebung, herrschaftliche Villen und elegante Boulevards in der Nachbarschaft, hier beschauliche Stille wie in einem Kurbad, dort vibrierende Geschäftigkeit wie in einer City – und in den Hallen, Sälen, Suiten und Zimmern dieser historischen Herberge der kontemporäre Luxus eines klassischen Grandhotels und der traditionelle Service eines ehemaligen Stadt-Palais, und unter gleichem Dach die englischste Bar, das französischste Bistro und das internationalste Restaurant, à la hauteur im Stil und en vogue im ganzen Land.«

Noblesse oblige: Seit seiner Inauguration im Jahre 1819 als Stätte gehobener Gastlichkeit für Edle, Arrivierte und Anhänger der verfeinerten Lebensart hat der Nassauer Hof seinen Platz unter den Großen der Grande Hôtellerie bewahrt und an die vornehme Vergangenheit angeknüpft, da Grafen, Generäle und Gesandte hier ihren zweiten Wohnsitz fanden, Aristokratie und Establishment im Marmorsaal dinierten, Dostojewski mit dem fertigen Manuskript zum ›Spieler‹ überstürzt abreiste, ohne seine Zeche, pardon Rechnung, zu zahlen.

Die Geschichte dieses Fleckchens Erde, auf dem heute der Nassauer Hof steht, geht bis in die Zeit der Römer zurück. In einschlägigen Werken steht's geschrieben, daß sie im Jahre 11 v.

Chr. im Gebiet der früher hier angesiedelten Mattiaker die befestigte Stadt ›Aquae Mattiacae‹ gründeten und sich deren Thermalquellen erfreuten. Eine davon sprudelt noch heute unter dem Hotelkomplex. 85 n. Chr. läßt Roms autokratischer Kaiser Domitian nach dem Sieg über die Chatten, die Vorfahren der Hessen, in der ›Civitas Mattiacorum‹ auf dem heutigen Hotelgelände ein Steinkastell anlegen, das einer ›cohortes auxiliariae‹ als Unterkunft dient – wenn auch noch ohne Direktwahltelefon, TV, Minibar und schallisolierte Fenster. Knapp 40 Jahre später wird der militärische Charakter unter Kaiser Hadrian aufgegeben und das Kastell in ein Thermalbad umgebaut.

Mit der erstmaligen Erwähnung des heutigen Wiesbadens als ›Wisibada‹ im Jahre 829 wird auch von einer ›heriberga‹ gesprochen, bei der es sich nach Ortslage nur um den Platz handeln kann, auf dem jetzt der Nassauer Hof seine Gäste willkommen heißt. Vermutlich diente sie als Pferdewechselstelle für Königsboten im Frankenreich. Im 12. und 13. Jahrhundert betrachten die Grafen von Nassau den aus Stein und Holz bestehenden Bau als Marstall, der unter anderem auch Pferdeknechte beherbergte.

In den folgenden Jahrhunderten wird das immer wieder aufgebaute Anwesen dreimal ein Raub der in der Stadt lodernden Flammen. Im Jahre 1690 veranlaßt Fürst Georg August von Nassau-Idstein den Wiederaufbau Wiesbadens. Aus den Dokumenten jener Zeit ergeben sich nur unbestimmte Hinweise auf eine Bewirtschaftung der neu entstandenen Gebäude: Die Deutungen bewegen sich zwischen Badehaus und Gasthof. Im Jahre 1819 dann wird in der Hauptstadt des Herzogtums Nassau das ›Hotel Nassau‹ feierlich eröffnet. Die Gazetten, wegen der Karlsbader Beschlüsse streng zensiert, schreiben dennoch ungeniert, daß dieses neue elegante Luxushotel eine Pracht zeige, die im Rheinland einzigartig sei.

1897 wird das seit 70 Jahren bestehende Hoftheater in den Gebäudekomplex des von nun an Nassauer Hof genannten Hotels eingegliedert. Sechs Jahre später präsentiert sich das Haus als ›Balkon Europas‹: Von hier aus beobachtet eine illustre Gesellschaft die glanzvolle Begegnung zwischen dem deutschen Kaiser Wilhelm II. und dem russischen Zaren Nikolaus II.

Das 20. Jahrhundert bringt den geschichtsträchtigen Mauern Licht und Schatten. Nachdem das Haus gegen Ende des Ersten Weltkrieges vorübergehend in ein Lazarett umgewandelt worden war, wird 1921 im legendären Marmorsaal das Wiesbadener Abkommen zwischen dem deutschen Reichsminister Rathenau und seinem französischen Kollegen Loucheur gefeiert. Industriegruppen aus beiden Ländern bemühen sich von nun an, die Reparationen auf einen Nenner zu bringen. Als Treffpunkt für ihre Gespräche wählen sie den Ort, an dem zum ersten Mal nach dem Krieg Deutsche und Franzosen einigermaßen gleichberechtigt verhandelten.

Und dann das Jahr 1923: Hugo Stinnes, der sich mit betonter Einfachheit »Kaufmann aus Mülheim« nennt, sichert sich die Option auf den Nassauer Hof. Eingeweihte munkeln, er wolle das traditionsreiche Luxushotel nur erwerben, um am nächsten Morgen seinen französischen Handlungspartnern einen glanzvollen Rahmen zu bieten, nachdem er bereits einige Monate nach dem Wiesbadener Abkommen mit dem Marquis de Lubersac den ersten Sachlieferungsvertrag im Werte von 1,5 Milliarden Mark auf Goldbasis abgeschlossen hatte.

Der Krieg macht dem Anwesen erneut ein – vorübergehendes – Ende. In den Bombennächten Februar/März 1945 brennt der Nassauer Hof völlig aus. Unschätzbare Dokumente aus einem erregenden Jahrhundert gehen in Flammen auf. Nach notgedrungener Flickschusterei in den Jahren vor der Währungsreform beginnt 1950 der zügige Wiederaufbau. Die Gelder kommen aus Mülheim, von Stinnes, nach wie vor Eigentümer des einige Jahre später aus Ruinen wieder zur ersten Adresse in Wiesbaden emporgestiegenen Hotels, dessen Fassade an den Prunk alter Zeiten erinnert. Statt Könige halten nun Präsidenten, statt Fürsten Spitzenmanager Hof im ›Hof‹.

Doch das Werk ist noch lange nicht vollbracht. 1968 investiert die wirtschaftlich erstarkte Stinnes AG einen stattlichen Millionenbetrag in die gründliche Modernisierung und Erweiterung. Der Auftrag an den Architekten lautet, eine lebendige Symbiose von Vergangenheit und Zukunft herzustellen. 1973 ist dieses Vorhaben realisiert, die Teilaufstockung des Gebäudes abgeschlossen, sind Küchentrakt, klimatisierte Tagungsräume und Ballsäle sowie ein Restaurant neu geschaffen. Als Clou wird dann im April 1979 das künstlerisch-elegante Restaurant ›Die Ente vom Lehel‹ eröffnet, das sich sehr schnell zu einer kulinarischen Attraktion entwickelt, die weit über das Rhein-Main-Gebiet hinaus strahlt – ein Gourmet-Tempel, dessen nicht alltäglicher Name von einem alten Münchner Stadtteil herrührt, wo einst das beliebte Vorläuferlokal so zur Legende wurde, daß sein übrigens in Wiesbaden gebürtiger Chef

Hans-Peter Wodarz quasi den gesamten Stadtteil mit an den Rhein nahm.

Der mit Sternen, Mützen, Kochlöffeln, Gabeln und Punkten hochdekorierte Enten-Maestro begann 1963 seine Laufbahn als Page im damals renommierten Wiesbadener Hotel Rose, lernte den Bayerischen Hof in München ebenso näher kennen wie die weltberühmte Feinkostabteilung des KaDeWe in Berlin und studierte als Krönung die Künste des Restaurants Tantris in München unter dem genialen Küchenchef Eckart Witzigmann.

Spricht man heute von der Avantgarde der deutschen Köche, dann fällt sehr schnell der Name Wodarz, dessen Mut zum gastronomischen Risiko erstaunlich schnell Anerkennung fand. Seine ›Ente‹ gehört längst zu den zehn besten Restaurants in der Bundesrepublik, eine Stätte der Kultur, der Tafelkultur, die mehrere Sinne zugleich anzusprechen versteht. Unter der gewölbten Kuppel, auf der farbenfrohen Enten in ihrem Revier verewigt sind, und umgeben von warmen Tönen und zartem Wandlicht sieht, hört, fühlt, riecht und schmeckt der Gast, der die wohltuende Perfektion in diesem zweistöckigen Rund ebenso genießt wie die kulinarischen Kreationen, die der Chef und seine fast 40köpfige Mitarbeiterschar immer wieder aufs neue zaubern. »Die Seele eines Kochs ist auch die Seele eines Künstlers – sie braucht Applaus und Kritik«, formuliert Wodarz. Den Applaus nimmt er Tag für Tag – außer sonntags und montags – zufrieden entgegen, aber Kritik . . .

Applaus für das Parfait von hellen Lebern, das Wachtelbrüstchen mit Püree von süßen Kartoffeln, die Symphonie von Edelfischen mit kleinen Gemüsen, die Barbarie-Entenbrust mit Trüffeln und Lauchgemüse, die Marzipan-Datteln in Rahm-Caramel mit Walderdbeeren und den Dialog der Früchte, ein häufig im Bild festgehaltenes Farben-Kunstwerk, das so typisch für die Handschrift des Meisters ist. Die Fähigkeit zur beispiellosen Präsentation seiner Arbeit – ein Merkmal, das den Erfolg von Wodarz in einer Stadt mitbegründet hat, die dem ›einheimischen Zugereisten‹ und seinem revolutionären Küchentun mehr als skeptisch gegenüberstand. Marketing-Experte Wodarz fand den richtigen Weg: »Heute sprechen die Wiesbadener von ›ihrer‹ Ente«, freut er sich über die Akzeptanz auch in den eigenen Reihen.

So ist vor allem die dem Restaurant angegliederte Spezialitäten-Boutique und ihr kleines Bistro mit sieben, acht Tischen auf engstem, wenn auch gemütlichem Raum ein beliebtes Ziel. Ein Tagesgericht, ein offener Wein, ein nettes Gespräch – auch eine knappe Stunde inmitten eines geschäftigen Diensttages kann bei Wodarz zu einem Erlebnis werden. Der Erfolg dieser idealen Kombination von Restaurant, Boutique und Bistro geben dem Mann, der dahintersteht, recht.

Die ›Ente von Lehel‹ hat den Nassauer Hof mit seinen 160 exklusiv ausgestatteten Zimmern und seinen je nach Saison 180 bis 200 Beschäftigten zweifellos um eine Attraktion bereichert, ein altes First-Class-Hotel voller Tradition, das nur als solches zu führen ist und wenig Raum für Gruppentourismus bietet. Eine Konzern-Diversifikation, die von Mülheim aus betriebswirtschaftlich an der kurzen Leine gehalten wird, dem Management vor Ort in fachlicher Hinsicht die Zügel lockert. »Auch wenn wir nicht mehr die Zuwachsraten vergangener Jahre aufweisen, so steht das Hotel auch heute noch für sich alleine«, versichert Nüser. Vergangene Durststrecken könnte es jedoch künftig nur mit Hilfe der Eigentümer überstehen. Wo wäre der Nassauer Hof, wo wäre so manch ein vergleichbares Haus heute ohne einen starken Konzern im Rücken? Die Antwort liegt auf der Hand. Wie meinte einmal ein Wiesbadener ob dieser Überlegung: »Ohne diese Residenz der elitären Gastfreundschaft wäre sogar die heile Welt der konservativen Einheimischen um manches ärmer!«

»Liebe auf den ersten Biß«

Eichbauer Bauunternehmung

Nachdem er 1946 die Gesellenprüfung im Maurerhandwerk abgelegt und sechs Jahre später als Diplomingenieur im Fach Bauingenieurwesen die Technische Hochschule München absolviert hatte, mußte sich Fritz Eichbauer auf sein Fach konzentrieren. Mit der Übernahme der elterlichen Firma Georg Eichbauer Bauunternehmung Anfang der fünfziger Jahre, einem mittelständischen Betrieb mit Schwerpunkt Hochbau, später dem Bau von Einfamilienhäusern und Eigentumswohnungen, gab es für den gebürtigen Münchner keine Alternative zu dem schwäbischen Wahlspruch: »Schaffe, schaffe, Häusle baue . . .«

Es dauerte rund 15 Jahre, da realisierte Eichbauer seinen mittlerweile immer wieder mal ausgesprochenen Wunsch, Beruf mit Hobby zu verbinden: Ein Gourmet-Tempel mußte her! Mit dem am Rande des Münchner Amüsierviertels Schwabing seit 1972 etablierten ›Tantris‹, einem der wenigen 3-Sterne-Restaurants Europas, machte der Bauunternehmer ein Geschenk an die deutsche Gastronomie, an die deutschen Feinschmecker.

Eichbauer, dessen Firmengruppe rund 250 Beschäftigte zählt, ist übrigens seit 1978 Präsident des Zentralverbandes des Deutschen Baugewerbes e.V., Bonn.

Die Geburtsstunde schlug Mitte der sechziger Jahre. Fritz Eichbauer erinnert sich noch heute sehr genau an die Stunden, die sein künftiges Wirken um mehr als nur eine Nuance bereichern sollten: »Bei den Haeberlins in Illhäusern träumten wir nach einem genußreichen Essen im sonnigen Garten unter den Weiden versonnen von den positiven Seiten des Lebens. Sie vor allem wollten wir realisieren.« Savoir vivre, Lebensfreude, Genuß – eine »mariage entre le plat et le vin« war es, die Eichbauer vorschwebte. Wenige Jahre später stand das Dach, unter dem diese Ehe zwischen Küche und Keller vollzogen wurde und täglich neu gestiftet wird: Der Feinschmecker-Tempel ›Tantris‹ in der Münchner Johann-Fichte-Straße verwöhnt seit mehr als zehn Jahren Gourmets aus nah und fern.

Eichbauer, der »seit meinem Studium nichts anderes als bauspezifische Themen im Kopf haben« durfte, träumte schon immer davon, mal ein branchenfremdes Schiff als Steuermann zu führen. Seine zahlreichen Dienstreisen ließen ihn auf das hierzulande damals noch unbekannte Wesen Spitzengastronomie aufmerksam werden, eine Branche, die er als wenig fortgeschritten klassifiziert: »Außer gestandenen Wirtschaften gab's nichts Vernünftiges!«

Eine Tatsache, die es zu ändern galt. Das Ziel war klar definiert: Warum in die Ferne schweifen, denn das Gute liegt so nah! Mit einem entsprechend gestalteten Angebot in einem adäquaten Rahmen sollte die kleine, aber feine Klientel der feinschmeckenden Frankreich-Touristen nach München gelotst werden. Gesagt, getan: Drei Jahre dauerten Plan und Bau, ehe das ob seines kathedralen Äußeren auch ›Freß-Tempel‹ getaufte ›Tantris‹ 1972 seine Pforten öffnen konnte. Der Schweizer Architekt Prof. Dr. Dahinden, Erfinder der Mövenpick-Restaurants, hatte es verstanden, mit bewußt modernen Mitteln und nicht übertriebener Phantasie eine gemütlich-angenehme Atmosphäre zu schaffen.

Eckart Witzigmann war es, der in den ersten Jahren hier das ›deutsche Küchenwunder‹ schuf. Das Ehepaar Eichbauer war nach Amerika geflogen, um auf Empfehlung eines Elsässers den im Washingtoner Jockeyklub arbeitenden österreichischen Koch für ein neues Münchner Restaurant zu heuern. Ein Glücksgriff, wie sich sehr schnell herausstellte. Wenige Jahre zogen ins Land, da konnten bereits zwei Michelin-Sterne als begehrteste Gäste des Hauses begrüßt werden.

»Der Aufstieg und Ruhm des Eckart Witzigmann, die Entwicklung der deutschen Gastronomie von plumper Banalität zu den zahlreichen Bastionen kulinarischer Verfeinerungen – wie folgerichtig will es uns vorkommen, daß das ›Tantris‹ unter Heinz Winkler jetzt zu den wenigen Drei-Sterne-Restaurants Europas gehört; folgerichtig deshalb, weil es in den Augen des Gastes eigentlich schon immer dazugehörte, weil es nie etwas anderes war als der Inbegriff für höchste Qualität, ein Symbol für gastronomische Perfektion«, schrieb Szenenkenner Wolfram Siebeck 1982 zum zehnjährigen Tantris-Jubiläum.

Für den Gourmet-Tempel war der Erfolg vom ersten Tag an mit seinem Chef de cuisine verbunden. Mit eben jenem Heinz Winkler leitet nach Witzigmanns Ausscheiden im Jahre 1977 ein weiterer Meister der großen Küche die 14 Mann starke ›weiße Brigade‹ in der 200 Quadratmeter großen ›Zauberwerkstatt‹. Der gebürtige Südtiroler, der Ende der siebziger Jahre den damals aufgrund des

Wechsels automatisch verlorengegangenen zweiten Stern sehr schnell zurückeroberte, lernte die hohe Schule des Kochens in Italien und den bekanntesten Häusern der Schweiz. Winkler vermeidet bei seiner Kunst jegliche Art von Show. Für ihn liegt der wahre Sinn des Kochens darin, daß es dem Gast schmeckt. Winkler verfügt über die dafür erforderlichen Voraussetzungen: eine realistische Einschätzung seiner Fähigkeiten und eine bedachtsam gezügelte Phantasie, vor allem aber auch das Einfühlungsvermögen in die geschmackliche Entwicklung der Genießer seiner Kunst. Nicht nur der dritte Stern hat ihm dieses Können bestätigt. 1979 wurde er zum ›Koch des Jahres‹ gewählt, 1981 erhielt er die ›Silberne Eule‹.

Wofür? Ein Blick in eine typische ›Tantris‹-Tageskarte macht's deutlich. Dürfen es vorab Kartoffel-Crêpes mit Kaviar und Wachteleiern oder Kaninchensalat mit gebratener Gänseleber sein? Wie wäre es als Hauptgang mit Hummermedaillons auf Blattspinat überbacken oder einem Wachtelbrüstchen auf Lauch in Trüffelrahm? Und als Dessert vielleicht Himbeeren mit Mandelschaum überbacken oder eine Zwetschgenterrine mit Rumsahne? Den passenden Wein kauft der Inhaber übrigens selbst ein – in der Bundesrepublik und in Frankreich, in Italien und der Schweiz. Zu den Stars auf der Karte, die zweimal jährlich erneuert wird, zählen unter anderem ein 1947er Château Latour und ein Lafite Rothschild desselben Jahrgangs. Kostenpunkt? 980 Mark die Flasche.

Knapp 40 Mitarbeiter zeichnen für das Wohl der erwartungsvollen Gäste verantwortlich. Für Peter Kluge, der als Restaurantdirektor Regie vor den Kulissen der berühmten Tantris-Küche führt, ist »jeder Gast ein Gast der ersten Stunde«. Eine Einstellung, die Diskretion signalisiert, plumper Vertraulichkeit keine Chance gibt. Kluge, der sieben Jahre lang als Chef de Rang und Oberkellner die Tantris-Klientel studieren konnte, weiß, daß die Philosophie und der Erfolg dieses Hauses in der besonderen Behandlung seiner Gäste liegen. Hier darf nicht verkauft, allenfalls beraten werden. Das erfordert Fingerspitzengefühl – in der richtigen Ansprache der Gäste, in der Führung des zwölf Mann starken ›schwarzen‹ Teams.

Ob Gert Fröbe oder Paul Bocuse, Walter Scheel oder Elie de Rothschild – das berühmte Ambiente im ›Tantris‹ hat in den vergangenen Jahren viele Feinschmecker unter seinem auffälligen Dach vereint. »Die neue Küche und der deutsche Esser: Diese im ›Tantris‹ geschlossene merkwürdige Ehe, von der viele meinten, sie würde niemals glücklich werden, wurde nicht nur dies, sie wurde auch äußerst fruchtbar. Nahezu 100 Köche, die hier begannen, stehen heute in anderen Restaurants am Herd, gut ein Viertel davon hat sich sogar selbständig gemacht«, konstatierte Wolfram Siebeck, der für dieses Restaurant »Liebe auf den ersten Biß« verspürte.

Zum abschließenden Mokka mit einem Calvados aus dem Jahre 1921 soll der Schauspieler und Tantris-Gast James Mason das Wort haben: »Speisen ist eine Frage der Umgebung. In einem stilvollen Rahmen wird selbst eine Rollgerstensuppe, die ich seit dem Krieg nicht mehr sehen kann, zu einer Delikatesse!« Wie heißt es doch da auf der bereits auszugsweise zitierten Tageskarte: ›Potage aux perles d'orge‹, sprich leichte Suppe mit Gersteneinlage . . .

Darum perlt es auf dem Rhein so schön

Henkell & Co.

Adam Henkell hieß der junge Mann, der in den zwanziger Jahren des vergangenen Jahrhunderts nach Bordeaux und Burgund auszog, um den Weinhandel zu erlernen, um sich aber auch der Champagnisierung des Weins zu widmen, die in Deutschland noch wenig bekannt war. In die Heimat zurückgekehrt, eröffnete Adam Henkell im Jahre 1832 in Mainz eine Weinhandlung, die er schon bald um eine eigene Sektkellerei erweiterte – der Grundstein für eine der ältesten und noch heute führenden Sektkellereien dieses Landes war gelegt, die 1982 knapp 450 Mitarbeiter beschäftigte und inklusive Spirituosen rund 320 Millionen Mark umsetzte.

Wirft man einen Blick in die umfangreiche Liste der Tochterunternehmen und Beteiligungen des traditionsreichen Hauses mit Weltruf, dann entdeckt man eine Zeile, die sich von allen anderen artverwandten Engagements völlig abhebt: ›Köln-Düsseldorfer Rheinschiffahrt AG, 25,1 Prozent‹ lautet sie. 1942 wurden diese Anteile, die ursprünglich im Privatbesitz der Familie Henkell waren, in eine Firmenbeteiligung umgewandelt. Eine historisch gewachsene Verbindung, die in unserer Zeit wohl kaum mehr eingegangen würde.

Koblenz, Anfang Juni 1979: Es gilt, das auch heute noch neueste Fahrgastschiff der Köln-Düsseldorfer Deutsche Rheinschiffahrt AG, die 77 Meter lange und 100 Passagiere fassende ›MS Stolzenfels‹ zu taufen. Die Taufpatin nimmt drei Anläufe, um die an einer Stange befestigte Sektflasche am Schiffsrumpf zerschmettern zu lassen – vergeblich. Da springt der Chef des Aufsichtsrates und Flaschen-Verantwortliche, Otto Henkell, in die Bresche, versucht es per Hand. Beim zweiten Anlauf gelingt sein Vorhaben. »Das ist doch ein klarer Beweis für die gute Qualität unserer Flaschen«, scherzt er, während der rheinland-pfälzische Ministerpräsident Dr. Bernhard Vogel seufzt: »So schwer hat man's gelegentlich mit Flaschen!«

In ganz Europa gibt es keinen Fluß, der auf rund 800 Kilometer Länge so viele landschaftliche und kulturelle, architektonische, technische und gastronomische Attraktionen zu bieten vermag wie der Rhein. Und in ganz Europa gibt es kein Unternehmen, das diese erlebnisreichen Sehenswürdigkeiten so anschaulich und bequem erschließt wie die Köln-Düsseldorfer, KD genannt.

Das war nicht immer so. Um ihren starken Ausflugsverkehr und ihre attraktiven Kabinenschiffsreisen zur heutigen Perfektion zu bringen, hat die KD fast 150 Jahre benötigt – »150 Jahre aufmerksame Betrachtung der Wünsche und Erwartungen ihrer Passagiere sowie der Ausnutzung aller technischen und nautischen Erfindungen und Entwicklungen«, wie es Prof. Dr. Wilhelm Treue in der Festschrift ›150 Jahre Köln-Düsseldorfer – Die Geschichte der Personenschiffahrt auf dem Rhein‹ formuliert. Diese Bemühungen in Verbindung mit unternehmerischer Risikobereitschaft und dem aktiven Einsatz von rund 700 Menschen haben das Unternehmen die einzigartige Position erreichen lassen, die es heute in Europa einnimmt.

Die Geschichte der Personen- und Güterdampfschiffahrt auf dem Rhein geht in die Anfänge des 19. Jahrhunderts zurück. 1816 kommt als erstes Dampfschiff die englische ›Defiance‹ den Rhein bis Köln hinauf. Ein Jahr später erreicht ein zweites englisches Dampfschiff, die ›Caledonia‹, unter dem Kommando von James Watt jr., einem Sohn des Erfinders der Dampfmaschine, Koblenz. 1823 erfolgt die Gründung der Nederlandsche Stromboot Maatschappij in Rotterdam für die Schiffahrt auf dem Rhein, die seit 1825 regelmäßig Personen- und Güterdienst zwischen Rotterdam und Köln betreibt. In diesem Jahr entstehen auch die ersten Dampfschiffahrtsgesellschaften am Oberrhein, unter anderem in Mainz und Speyer, die jedoch nur regionale Bedeutung haben und keinen wesentlichen Einfluß auf die Entwicklung der weiträumigen Personenschiffahrt auf dem Rhein ausüben.

Ein Jahr später, im Jahre 1826, ändert sich diese Situation: Führende Mitglieder der Kölner Handelskammer erkennen nach einer längeren Fahrt auf einem Dampfschiff die Bedeutung dieses neuen Verkehrsmittels und plädieren für die Gründung einer Kölner Dampfschiffahrtsgesellschaft, damit ihre Heimatstadt auch künftig die führende Position im Rheinhandel behaupten könne. Nach den guten Ergebnissen mehrerer Versuchsfahrten wird am 11. Juni 1826 die Preußisch-Rheinische Dampfschifffahrts-Gesellschaft, Köln, ins Leben gerufen, die heutige Köln-

Düsseldorfer. Ihre Aktionäre sind fast ausschließlich Kölner Bürger.

Die Gesellschaft, deren Aktivitäten zunächst auf den Mittelrhein begrenzt bleiben, leitet sehr schnell ein neues Zeitalter der Rheinschiffahrt ein. Sie beginnt den regelmäßigen Personen- und Eilgüterdienst mit den beiden noch ganz aus Holz gebauten Dampfschiffen ›Concordia‹ und ›Friedrich Wilhelm‹. Bereits ein Jahr nach der Gesellschaftsgründung fahren die beiden Schiffe 129 mal zwischen Köln und Mainz und befördern dabei neben großen Mengen von Gütern mehr als 33000 Personen.

Die Konkurrenz läßt jedoch nicht lange auf sich warten: Nachdem die Rheinschiffahrtsakte von 1831 für Düsseldorf, Elberfeld und andere nahegelegene Städte eine wirtschaftliche Entwicklung großen Stils und damit die Aufnahme des Handelswettbewerbs mit Köln ermöglicht hat, bauen Kaufmannskreise in dieser Region Kontakte zu niederländischen Handels- und Fabrikantenkreisen auf und wenden sich der Rheinschiffahrt zu. Im September 1836 gründen sie die ›Dampfschiffahrts-Gesellschaft für den Nieder- und Mittelrhein Düsseldorf‹, die zwei Jahre später mit fünf Dampfern den Personen- und Eilgüterdienst zwischen Düsseldorf und Mainz startet. Die Kölner Konkurrenz, die in diesem Jahr ihren ersten ganz aus Eisen gefertigten Dampfer ›Graf von Paris‹ in Dienst stellt, besitzt dagegen bereits elf Schiffe und dehnt den Verkehr bis Straßburg aus.

Es folgt ein ruinöser Wettbewerb, aus dem 15 Jahre später die notwendigen Lehren gezogen werden: 1853 gründen die beiden Konkurrenten nach einer verlustreichen Periode die Betriebsgemeinschaft ›Rhein-Dampfschiffahrt, Kölnische und Düsseldorfer Gesellschaft‹, in die 27 Schiffe eingebracht werden. Infolge der starken Zunahme des Eisenbahnverkehrs stellt die neue Köln-Düsseldorfer sich fortan immer mehr auf den reinen Ausflugsverkehr um, der in den nächsten Jahrzehnten eine eindrucksvolle Entwicklung nimmt. Jährliche Passagierzahlen von zwei bis drei Millionen in den ersten Jahrzehnten dieses Jahrhunderts sind keine Seltenheit, Menschen, die in der dafür günstigen Jahreszeit kurzfristig Vergnügen und Erholung auf dem Rhein suchen. So ist es über zwei Weltkriege und manche Krisen hinweg bis auf den heutigen Tag geblieben. Für diesen Ausflugsverkehr, der dem wechselnden Bedarf entsprechend sehr flexibel ist, verkehren heute 19 komfortable Fahrgastschiffe auf Rhein, aber auch Main und Mosel.

Im Jahre 1960 bietet die Köln-Düsseldorfer ihren Gästen erstmals mehrtägige Kabinenschiffsfahrten zwischen Basel und Rotterdam an. Sie erfreuen sich so schnell weltweiten Zuspruchs, daß ein Kabinenschiff nach dem anderen in Dienst gestellt wird – heute sind es acht, die in der Saison vom Frühjahr bis zum Herbst rheinauf, rheinab, ohne Pause unterwegs sind. Auf diesen Reisen von der Schweiz durch Frankreich und die Bundesrepublik nach den Niederlanden oder umgekehrt lernen die Gäste den Rhein auf seiner ganzen schiffbaren Länge kennen, 830 Kilometer von den Alpen bis zur Nordsee. Von Basel bis Rotterdam bzw. Amsterdam dauert die erlebnisreiche Reise vier Tage, in umgekehrter Richtung fünf Tage. Tage voller Abwechslung, mit vielen Ausflügen an Land und geselliger Unterhaltung an Bord, mit der von Kreuzfahrten her berühmten Bewirtung und vorzüglichem Service.

Und dann immer wieder die berühmten Sehenswürdigkeiten, die sich besonders in der unverwüstlichen Lieblingslandschaft, dem Rheintal zwischen Koblenz und Wiesbaden, in einer endlosen Kette präsentieren. »Ich weiß nicht, was soll es bedeuten . . .« Plötzliche Unruhe während des Frühstücks an Bord des Kabinenschiffs ›France‹. Gedünstetes Mischobst und Joghurt bleiben unberührt, Cornflakes und Rühreier unverzehrt. Deutsche Pfannkuchen, gegrillter Speck- und Schinkentoast sind nur zweitrangig. Die um 8.35 Uhr frühstückenden Passagiere aus rund 20 Nationen zaubern Film- und Fotokameras zwischen Marmeladenbrötchen und Croissants hervor und gehen backbord in Stellung. Eine tiefe Tonbandstimme löst das Rätsel. Man erkennt die Herkunft der erwartungsvollen Mitreisenden, wenn sich bei den dreisprachigen Hinweisen ihre Mienen erhellen: »In wenigen Augenblicken taucht auf der linken Seite die Loreley auf . . .«

Welch ein verzücktes Raunen geht durch die Touristenschar aus den Staaten, Japan und Australien, als die »schönste Jungfrau mit ihrem goldnen Geschmeide« den mehr als 250 Ohrenpaaren ihre Verführungskünste auf Platte kundtut. Noch nach vielen Jahren wird der Gast, der eine Vierländertournee auf einem Kabinenschiff erlebt hat, sich all der Genüsse und Erlebnisse ebenso erinnern wie etwa einer Mittelmeer-Kreuzfahrt.

Ohne Zweifel: Wer seit mehr als 150 Jahren auch in schlechten Zeiten für Ausflugsreisen und Ferienfahrten tätig ist und eine immer wieder modernisierte, ergänzte und vergrößerte weiße Flotte präsentiert, versteht etwas von diesem Geschäft. Die technische Perfektion der Schiffe und ihr attraktives Äußeres, ihre funktionsgerechten Einrichtungen, das Können ihrer Besatzungen und die Qualität ihrer Restauration, zu deren Offerten verständlicherweise perlende Erzeugnisse aus dem Hause Henkell zählen, machen den hohen Standard dieses Dienstleistungsbetriebes deutlich, der 1967 durch die Fusion der Kölner und der Düsseldorfer Gesellschaft seinen heutigen Namen ›Köln-Düsseldorfer Deutsche Rheinschiffahrt AG‹ erhielt. Der 100jährigen Verlobung der beiden Gesellschaften folgte in diesem Jahr endlich die Hochzeit.

Die Zentrale der Reederei residiert in einem historischen Gebäude am Kölner Rheinufer. Sie unterhält rund 70 Verkaufsstellen an Rhein, Main und Mosel und informiert die Reisebüros in aller Welt über ihr Angebot. Ob in New York, Hongkong oder Melbourne – eine Rheinfahrt mit der KD zu buchen ist heute überall möglich.

Rund 700 Mitarbeiter zählt das Unternehmen – manche von ihnen verdienen hier ihre Brötchen schon in der dritten oder gar vierten Generation, sei es in der Nautik, an der Maschine oder bei den Anlegestellen. Und wenn im Winter die weiße Flotte im eigenen Hafen liegt, sind viele Besatzungsmitglieder in den Reedereiwerkstätten damit beschäftigt, die vielbenutzten Schiffe zu überholen und auf die neue Saison, die jeweils am Gründonnerstag eingeläutet wird, vorzubereiten. Denn auch dann wollen wieder Millionen Gäste unbeschwerte Stunden an Bord der Schaufelraddampfer, Motor- und Kabinenschiffe erleben – denn darum ist es am Rhein so schön . . .

Die Zahnradbahn konnte die Esel nicht verjagen

4711

4711, das ist die gebräuchliche und weltbekannte Abkürzung des Firmennamens der am 8. Oktober 1792 gegründeten ›Eau de Cologne- und Parfümerie-Fabrik Glockengasse No. 4711 gegenüber der Pferdepost von Ferd. Mülhens‹. Das Unternehmen, eines der führenden Hersteller von Kosmetik- und Körperpflegemitteln, wird seit sechs Generationen jeweils vom Vater auf den Sohn übertragen. Heute ist es eine Familiengesellschaft in der Rechtsform einer Kommanditgesellschaft. Ferdinand Mülhens, u. a. ausgebildeter Parfümeur, ist persönlich in der Geschäftsführung aktiv tätig. Wie alle früheren Inhaber des Hauses, das mehr als 2000 Mitarbeiter zählt, steht er regelmäßig in der Stahlkammer, die sonst keiner betreten darf, und mischt nach dem alten Geheimrezept die kostbaren Extrakte. Nur er allein kennt das Urgeheimnis der alten Kölnisch-Wasser-Rezeptur.

Ferdinand Mülhens ist jedoch nicht nur in der Kölner Glockengasse unternehmerisch tätig. Als Mitglied der dreiköpfigen Erbengemeinschaft Peter Mülhens ist er Miteigentümer der ›Bergbahnen im Siebengebirge AG‹, die 1913 in den Besitz seiner Vorfahren übergegangen war. Dieses Engagement der 4711-Dynastie hat mit dazu beigetragen, daß der Drachenfels zum meistbesuchten Berg Europas wurde.

Sie wird weltweit besungen, beschrieben, verehrt – die Rheinlandschaft zwischen Bingen und Bonn lockt Jahr für Jahr eine Heerschar von begeisterten Touristen aus allen Erdteilen nach Boppard, Koblenz und Königswinter. Mächtig geworden durch die Zuflüsse von Lahn, Mosel und Ahr sprengt der Rhein hier unweit der Bundeshauptstadt das einengende Schiefergebirge und wälzt sich breit und behäbig in die Kölner Bucht. Romantiker haben für diese vielzitierte Gegend mit dem abschließenden Gebirgsstock das Wort vom »Amen des Rheins« geprägt, das man noch in alten Büchern und Reisebeschreibungen findet. Heute indes spricht, schreibt und singt man schlicht über das Siebengebirge.

Dieses kleine Gebirge, vor 20 Millionen Jahren durch zu Bergkuppen hochgetriebenes Vulkangestein entstanden, bietet auf nur 50 Quadratkilometern eine Fülle von Naturschönheiten, überragt von sagenumwobenen Gipfeln, in deren vorderer Reihe der steile Drachenfels (321 m) unmittelbar am Rhein und der benachbarte Petersberg (331 m) zuerst Blick und Aufmerksamkeit der Vorbeiziehenden auf sich lenken. Dieser Gebirgsstock hat im Laufe der vielen Jahrhunderte immer mehr an Bedeutung gewonnen. Noch ehe sich die ersten römischen Legionen am Strom entlang einen Weg nach Norden bahnten, rauchten auf der flachen Kuppe des Petersbergs die germanischen Opferfeuer, wurde diese Gegend zum Schauplatz sagenhaften Geschehens. Da hauste hier zum Beispiel der sagenumwobene Zwerg Alberich, in dessen Schmiede der strahlende Held Siegfried das Schwert Balmung schärfte, um damit den feuerspeienden Drachen zu töten, der in einer Felsenhöhle einen unermeßlich reichen Goldschatz hütete.

Später tobte oftmals Waffenlärm durch das Gebirge, wurde die feste Burg auf dem Gipfel des Drachenfels mehrfach berannt, befahl der Kölner Kurfürst die Sprengung: 1634 rollte der Hauptteil der Burg Stück für Stück donnernd den Steilhang hinunter. König Friedrich Wilhelm III. ist es zu verdanken, daß die Überreste nicht vollständig den geschäftstüchtigen Steinbruchunternehmen aus der Nachbarschaft zum Opfer fielen: Ein Erlaß ließ Berg und Burg staatseigen werden, womit eines der beliebtesten Ziele am Rhein der Nachwelt erhalten blieb.

Die Romantik dieser Region wurde vor allem nach der napoleonischen Ära entdeckt. Mit den ersten Raddampfern, die stromaufwärts zogen, trafen Reisende aus England und Holland ein, konnten die sieben Berge immer mehr Wanderer und Kletterer begrüßen. Der Drachenfels wurde bald zum meistbestiegenen Berg Europas. Vor allem die in Königswinter stationierten Esel waren es, die den Weg zum Gipfel mit einer Höhendifferenz von 261 m immer wieder antraten unfreiwillig, versteht sich.

Doch die Lasttiere, die die Völkerwanderung auf den Gipfel bequemer gestalteten, sollten schon bald Konkurrenz bekommen: Einer Sensation kam es gleich, als im Jahre 1881 der Aufsichtsrat und Vorstand der ›Deutschen Lokal- und Straßenbahngesellschaft‹ die Konzession zum Bau einer Bergbahn auf den Drachenfels beantragten. Das Vorhaben der Gesellschaft, deren Pferde- und Dampfstraßenbahnen im Ruhrgebiet, zwischen Mönchengladbach und Rheydt und in Chemnitz liefen, stieß auf Skepsis, auf Unverständnis: Seit wann klettert eine Eisenbahn einen Berg hinauf? Wer's nicht glauben wollte, wurde mit einem Hinweis auf die Schweizer Nachbarn überzeugt: Seit 1871 fuhr dort eine Zahnradbahn von Vintzau hinauf auf den Rigi.

Im November 1882 war es dann soweit. Gegen den Willen der Umweltschützer konnte der erste Spatenstich für die 1520 m lange Strecke mit einem Höhenunterschied von 220 m erfolgen. 23000 Kubikmeter Erde waren von den Arbeiterkolonnen zu bewegen, zu transportieren, aufzuschütten, das Gelände einzudämmen – ein gewaltiges Unterfangen. 4537 Kubikmeter Mörtelmauerwerk und 1211 Kubikmeter Trockenmauerwerk waren nötig, um an der Talstation eine weite, offene Halle zu bauen, anschließend eine Werkstatt, Vorratsräume, eine Wasserstation und eine Schiebebühne. Kostenpunkt des gesamten Vorhabens: 617000 Mark.

Die Zahnradbahn wurde zur Attraktion, noch ehe ihre erste Fahrt eingeläutet worden war, die erste Lokomotive fahrbereit dampfte. Am 17. Juli 1883 dann nach nur achtmonatiger Bauzeit die Premiere: Nach einigen Probefahrten an den Tagen zuvor keuchte das ›dampfende Ungeheuer‹ mit gellendem Pfeifen den Berg hinauf, waren die drei Lokomotiven, sechs Personen- und ein Güterwagen nicht mehr zu bremsen. Und das Geschäft lief: Allein im August registrierten die Bediensteten, die laut damaliger Polizeiverordnung der schönen Kunst des Lesens und Schreibens nicht feindselig gegenüberstehen durften, 16014 Berg- und 10776 Talfahrten.

Im Jahre 1913 trennte sich die Deutsche Lokal- und Straßenbahngesellschaft von ihrem Bergbahn-Unternehmen. Dem neuen Besitzer Ferdinand Mülhens, Chef und Inhaber des Hauses 4711, waren die Belange der Stadt Königswinter und des Siebengebirges mehr eine Herzens- als eine reine Investitionsangelegenheit, da ihm das Bahnengagement alles andere als finanzielle Vorteile brachte: Die Erschließung dieses wunderschönen Erholungsgebietes hieß sein Ziel. So vereinigte er nicht nur die Drachenfelsbahn mit der seit 1889 bestehenden Petersbergbahn zum Unternehmen ›Bergbahnen im Siebengebirge AG‹, sondern ließ Straßen, Wege und Übergänge bauen und wurde so zu einem spendablen Förderer eines weit und breit einmaligen Ausflugsverkehrs. Als stolzes Wahrzeichen seines Unternehmungsgeistes sei hier das vor 1914 erbaute Petersberg-Hotel erwähnt, das vor wenigen Jahren die Bundesregierung erwarb, um es – wie in den vergangenen Jahrzehnten wiederholt geschehen – als Gästehaus für hohe Staatsgäste zu nutzen.

Die Zeit nach dem Ersten Weltkrieg überstand die Drachenfelsbahn recht schnell. So beförderte sie ab 1924 bis 1932 fast 1,4 Millionen Fahrgäste. Und sogar in den Jahren des Zweiten Weltkrieges konnte das Unternehmen mit stolzen Zahlen aufwarten, da Urlauber, Verwundete und Genesende nicht auf ein paar ablenkende Stunden am Vater Rhein verzichten wollten. So erreichte das Jahr 1943 mit 107 700 Passagieren an nur 31 Sonntagen fast einen Rekord. Im März 1945 verschonten amerikanische Granaten Gebäude und Anlage der Bahn nicht – Wagen und Teile der Strecke boten ein Bild der Verwüstung. Am Pfingstsonntag 1947 standen die Lokomotiven dann wieder unter Dampf, erkauften sich nicht wenige Besatzungsangehörige eine Fahrt zum Drachenfels mit einer Zigarette.

Heute kann die Drachenfelsbahn – ihre Schwesterbahn zum Petersberg wurde im Jahre 1959 eingestellt – auf ein Jahrhundert im Dienste der Ausflügler zurückblicken. Doch mit höherem Alter ist sie stets jünger und leistungsfähiger geworden. Sie ist mit der Zeit und dem Fortschritt gegangen – als Stichwort sei die Elektrifizierung Anfang der 50er Jahre genannt – und hat wesentlich dazu beigetragen, daß der Drachenfels zum meistbesuchten Berg Europas wurde, zum ›höchsten Berg Hollands‹.

Die Namen Ferdinand und Peter Mülhens gehören unzertrennbar zu den Begriffen Bergbahnen, Königswinter und Siebengebirge dazu. Ihrem Engagement, das sich auf die heutige Generation der Familie übertragen hat, ist die Entwicklung dieser vielbesungenen Landschaft mitzuverdanken. Doch trotz der fünf modernen elektrischen Triebwagen mit einer Motorleistung von 160 kW, einer Beförderungskapazität von 1120 Personen pro Stunde und Weg sowie einer Fahrgeschwindigkeit von 14 bis 19 km/h je nach Steigung beziehungsweise Gefälle: Das gute Dutzend Esel marschiert immer noch den alten Pfad zum Gipfel hoch, so wie es seine Urahnen schon im Mittelalter mit den Burgbewohnern auf ihrem Rücken taten. Und sie werden sich auch fortan nicht von noch so modernen Entwicklungen der Technik von ihrem Pfad verjagen lassen – da sind die Drachenfels-Esel ganz stur!

›felicitas‹ – Glück für Bräute und Mütter

Hamburg-Mannheimer Versicherungs-AG

1899 in Mannheim gegründet und seit 1912 in Hamburg etabliert, ist die Hamburg-Mannheimer Versicherungs-AG heute eines der größten Lebens- und Unfallversicherungsunternehmen in der Bundesrepublik. Ende 1982 umfaßte der Bestand allein in der Lebensversicherung rund 6,9 Millionen Verträge über eine Versicherungssumme von etwa 55 Milliarden Mark. Im Bundesgebiet ist die Hamburg-Mannheimer, deren Hauptaktionäre mit je 37 Prozent die Münchener Rück und die Allianz sind, mit etwa 250 Geschäftsstellen vertreten. Sie beschäftigt insgesamt rund 10000 hauptberufliche Mitarbeiter.

Seit Mitte 1982 hat die Hamburg-Mannheimer, die unter anderem mit 47 Prozent an der Deutschen Krankenversicherung beteiligt ist und ein eigenes Hotel in Lüneburg (›Seminaris‹) unterhält, seine Aktivitäten um eine Variante erweitert: Über die Tochtergesellschaft Hansa Betriebs GmbH hat sie die Mehrheit an der ›felicitas Kurt Redieß KG‹ erworben, jener erfolgreichen Direktwerbeorganisation, die seit mehr als 20 Jahren mit Hilfe von Hostessen Werbepakete mit Markenartikeln und Informationen an junge Bräute und Mütter verteilt. Einer der ältesten Kunden von felicitas seit 1962: die Hamburg-Mannheimer, die über diese ›Glücksbringer‹ erfolgreich für ihre Versicherungsleistungen wirbt.

Montag, 14. Juli 1980: An diesem Tag erlebte die an mitunter gewalttätige Demonstrationen gewöhnte Spree-Metropole einen friedlichen Aufmarsch ganz besonderer Art. Rund 500 in kleidsames Dunkelblau gewandete Damen mit schickem Käppi und einer silbernen Amorbrosche am Revers feierten am Kurfürstendamm das zwanzigjährige Bestehen eines Unternehmens, das – wie es die Frankfurter Allgemeine Zeitung einmal formulierte – »Glück fast in den Rang einer Institution erhoben hat«. Mit der ›felicitas Kurt Redieß KG‹ war ein Direktwerbemedium geschaffen worden, das auch heute noch konkurrenzlos in der Bundesrepublik dasteht.

Der Grundgedanke, der hinter dem felicitas-Marketing-Modell

steht, ist so alt wie der Handel selbst. Denn solange verkauft und gekauft wird, solange wird auch schon geworben. Dabei war von Beginn an das gesprochene Wort der Hauptwerbeträger, selbstverständlich aber auch die Qualität der angebotenen Ware, die der Käufer sehen, anfassen, schmecken und ausprobieren konnte. Der Händler hatte die Möglichkeit, den Käufer direkt anzusprechen und ihm die Vorteile seiner Ware zu demonstrieren. Und dies ist auch das Konzept von felicitas: Muß sich der Konsument heute in der Werbung – vor allem in Presse, Rundfunk und Fernsehen – auf Aussagen verlassen, die er nicht sofort überprüfen kann, so hat er bei den Besuchen der felicitas-Hostessen die Gelegenheit, die Werbeaussagen an Ort und Stelle zu überprüfen.

»Diese Gedanken gingen mir durch den Kopf, als ich Anfang 1960 eine kleine Zeitungsnotiz über die amerikanische Organisation Welcome Waggon las. Hier wurden neu in die Gemeinde zugezogene Familien besucht. Sie erhielten Geschenke des örtlichen Einzelhandels und wurden über die ansässigen Geschäfte und ihr Angebot, aber auch über kommunale Einrichtungen und Behörden informiert – ein Lebenshilfe-Service, gepaart mit Werbeaussagen«, wirft Kurt Redieß einen Blick auf die Anfänge seiner Idee zurück, die sich seiner Meinung nach auch hierzulande realisieren lassen sollte, zum Beispiel durch Direktwerbung in ihrer ursprünglichen Form für renommierte Markenartikler.

Daß eine solch individuelle Verbraucheransprache für das einzelne Unternehmen zu kostspielig wäre, lag auf der Hand. Die Lösung war schnell gefunden. Redieß: »Ich mußte die verschiedensten, nicht miteinander konkurrierenden Firmen von den Vorteilen einer solchen zielgruppenorientierten Direktwerbung überzeugen und sie veranlassen, sich mit ihren Produkten an einem Geschenkpaket und anteilig an den Kosten zu beteiligen.«

Nun galt es, eine entsprechende potente Zielgruppe zu finden. Sie mußte sich laufend erneuern und den richtigen Anlaß für die Überreichung von Produktgeschenken bieten. Brautpaare erschienen die idealen Ansprechpartner zu sein, da vor allem die junge Frau, die vor der Gründung eines eigenen Hausstands steht, für jeden Rat und Tip dankbar und aufgeschlossen sein müßte.

Blieb nur noch die Frage nach der Organisationsform offen. »Ich konnte davon ausgehen, daß am besten eine Frau mit einer jungen Braut sprechen sollte. Im Gespräch von Frau zu Frau in vertrauter Umgebung und aufgeschlossener Atmosphäre lag die Lösung. Denn wer versteht die Probleme einer jungen Braut besser als eine verheiratete Frau mit Erfahrung in der Haushaltsführung?« betont Redieß. So wurde die Idee der uniformierten felicitas-Hostess geboren, der »sympathischen Hausfrau von nebenan«, die sich mit ihren Produktgeschenken nahtlos in die Reihe der Gratulanten eingliedert – eine geradezu ideale Übermittlerin einer Werbebotschaft mit hoher Akzeptanz.

Nach einer Akquisitions- und Anlaufphase besuchten im Jahre 1961 zwei Hostessen die ersten Bräute in Hannover und Umgebung. Jahr für Jahr weitete Redieß, bedingt durch den erfolgreichen Start in Niedersachsen, seine Organisation auf Großstädte wie Hamburg, Bremen, Frankfurt, Stuttgart und München aus. 1965 war es dann soweit: felicitas war in allen Bundesländern präsent und hatte sich so innerhalb von nur fünf Jahren zu einer nationalen Marketing-Organisation entwickelt. Der außergewöhnliche Erfolg im »Bräutedienst« veranlaßte Kurt Redieß, im Jahre 1968 eine weitere Zielgruppe in das Besuchsprogramm seiner Hostessen aufzunehmen: ›Mutter und Kind‹. Damit deckt felicitas eine der interessantesten Verbrauchergruppen ab – die junge Familie.

Das Erfolgsrezept von felicitas ist ebenso einfach wie effektiv: Die mittlerweile mehr als 500 Hostessen überbringen – in aller Regel angemeldet – ihre Werbebotschaft im persönlichen Gespräch. Sie verkaufen nicht, sondern überreichen Produkte mit entsprechenden Informationen. Die Präsentpakete – sie sind für Bräute und junge Mütter mit jeweils entsprechenden Markenprodukten und Dienstleistungsangeboten gesondert zusammengestellt – werden in sechs Lohnpackereien konfektioniert. Die jeweils benötigten Produkte werden von den felicitas-Kunden kostenlos zur Verfügung gestellt. Für jeden Besuch bezahlen diese eine Gebühr.

Die Hostessen haben jeweils ein genau abgegrenztes Einsatzgebiet, in dem sie alle Brautpaare und Mütter besuchen und die Vorzüge des Paketinhaltes – etwa ein Dutzend Produkte und Werbegutscheine – in einem knapp halbstündigen Gespräch erläutern. Informationen über die Artikel erhalten die felicitas-Entsandten laufend in entsprechenden Schulungen. In den ersten beiden Jahrzehnten dieses ›Glücksbringer‹-Dienstes präsentierten die Hostessen ihr Überraschungspaket mehr als vier Millionen Familien. Dies bedeutet, daß selbst bei vorsichtiger Hochrechnung mehr als 18 Millionen Haushaltsmitglieder einen direkten Produktkontakt hatten. Kein Wunder, daß felicitas-Kunden wie Knorr oder Wick Pharma, der Otto-Versand oder die Vereinigten Papierwerke derlei ›Paketwerbung‹ sehr schätzen, zumal die von ihnen wiederholt angestellten Erfolgskontrollen einen langanhaltenden Erfolg für die zielgruppenorientierte Direktansprache beweisen. Die Produkt- bzw. Firmentreue der so angesprochenen Verbraucher ist außergewöhnlich hoch.

Anerkennung fand das Instrumentarium felicitas aber auch bei Dr. med. Otto Walter Haseloff, Professor für Psychologie an der Freien Universität Berlin: »Hier hat ein aktiver Unternehmer im Rahmen seiner persönlichen Initiative ein interessantes und unzweifelhaft wirksames Marketinginstrument geschaffen. Dieses verdient Interesse im Zuge der Entwicklung, die den Formen direkter Kommunikation zunehmend größere Bedeutung beimißt.« Und das Institut für Markt- und Werbeforschung Köln fand heraus: »Der Besuch war den Befragten keineswegs lästig, denn die Hostess erschien in der Regel als sympathische Freundin.« Am erstaunlichsten sei, so stellte das Institut fest, daß kaum jemand den Besuch mit Werbung in Verbindung bringe, obwohl es sich doch eindeutig um eine Werbeaktivität handle.

Geschickt gemacht, Herr Redieß!

Des Bayern-Königs ›Fluchthilfe‹ für ›Dottore Ludwig‹

Kuttner-Gruppe

Dr. Ludwig Kuttner, der im März 1983 verstarb, gehörte zu den interessantesten Persönlichkeiten der deutschen Textilindustrie. Sein Einfallsreichtum und sein Mut zum Risiko ließen den Eisenbahnersohn aus dem oberpfälzischen Schwandorf buchstäblich aus dem Nichts ein kleines Textilimperium zaubern. Auch wenn er es erfolgreich durch die Branchenflaute steuerte, so blieben ihm Enttäuschungen nicht erspart, die er aber immer wieder als Herausforderung verstand und überwand.

Zu der Unternehmensgruppe Kuttner, die im In- und Ausland rund 1000 Mitarbeiter zählt, gehört unter anderem die zweitgrößte deutsche Stoffdruckerei NAK Stoffe KGaA, Augsburg. Das Lieblingskind des Firmengründers waren indes die – mittlerweile ertragreichen – Poseidon-Gärten auf Ischia, die einzige Thermalbadanlage mit direktem Meeresstrand, die er Ende der sechziger Jahre erwarb. Hier realisierte der finanzgeschickte Kuttner einige Monate im Jahr seine persönliche Maxime, nach der man sich im Leben auch Zeit zum Leben nehmen muß.

»Hier nach Ischia flüchte du aus dem Gewirre des Lebens. Ruhe findest du da, welche dir längst entflog.« Rund zwei Jahrzehnte sind vergangen, seitdem der Münchner Textilindustrielle Dr. Ludwig Kuttner erstmals diese ›Fluchthilfe‹ des Bayernkönigs Ludwig I. in Anspruch nahm – die Folgen blieben wie bei so manch einer Reise des risikofreudigen Machers nicht aus: Als Inhaber der Poseidon-Gärten KG, dem paradiesischen Ziel jedes Ischia-Touristen, entwickelte sich der vitale ›Dottore‹ zum größten Arbeitgeber auf der ›Grünen Insel‹.

Diese in der Bucht von Citara gelegene Oase, die ideale Voraussetzungen für Thermalkuren bietet, hat eine abwechslungsreiche Geschichte. 1938 gründeten die beiden größten italienischen Elektrizitätsgesellschaften die Societa per Azione Forze Endogene Napoletane (SAFEN). Mit einem finanziellen Aufwand von zu dieser Zeit noch recht stolzen zwei Milliarden Lire nahm diese Aktiengesellschaft auf der ganzen Insel und im Gebiet von Pozzuoli Bohrungen vor, um erhofftes Erdgas als Energiequellen nutzen zu können. Die Hoffnung indes trog: Statt Gas gab's heißes mineralhaltiges Wasser.

Der Zweite Weltkrieg unterbrach die Forschungsaktivitäten, die sich nun darauf konzentrierten, mit heißem Wasserdampf über Turbinen Elektrizität zu erzeugen. Das Vorhaben gelang. 1954 wurde das erste Versuchswerk in der Bucht von Citara in Betrieb genommen. Technische und wirtschaftliche Gründe zwangen das Unternehmen jedoch, die Anlage wenig später stillzulegen.

Im Zuge der Verstaatlichung der italienischen Elektrizitätserzeuger Ende der 50er Jahre übernahm der österreichische Geschäftsmann Dr. Walde die SAFEN mit ein paar Grundstücken, dem Werksgelände und den Bohrrechten für die Thermalwasser in der Absicht, ein Thermalbad zu errichten. Um dieses Vorhaben finanzieren zu können, schloß sich Walde im Steuerparadies Vaduz mit internationalen Financiers zur Société d'Exploitation et des Bains d'Ischia S. A. (SEBI) zusammen. Das Aktienkapital belief sich auf fünf Millionen Schweizer Franken. Zu den Hauptinteressenten zählten damals unter anderem auch bekannte Investoren aus der Bundesrepublik wie der Kölner Großgastronom Blatzheim. Walde schürte die Geschäfte vor Ort, jedoch erfolglos. Ihm folgte der ehemalige Chef der Leibgarde Mussolinis und spätere Präsident der italienischen Polizei als Generaldirektor mit repräsentativem Sitz im Zentrum von Rom.

»Querelen und unternehmerische Inkompetenz lähmten die Geschäfte und ließen nur die Hälfte des Geldes von Vaduz nach Ischia gelangen. So blieb es nicht aus, daß das Vorhaben immer mehr der Pleite entgegensegelte. Jeder, der konnte, versuchte sich zu retten. Schließlich wurde die Liquidation eingeleitet«, erinnerte sich Kuttner.

Jetzt sah er seine Stunde gekommen: Bei der öffentlichen Versteigerung des Aktienpaketes der SAFEN, die der Vaduzer Bürgermeister, ein gelernter Schmied, Ende der 60er Jahre vornahm, schlug der Textilindustrielle zu, zahlte die bisherigen Aktionäre aus, liquidierte kurz entschlossen die Holding in Liechtenstein und wandelte das Unternehmen in eine Kommanditgesellschaft um, für die er als Komplementär die unbeschränkte persönliche Haftung übernahm. Innerhalb eines Jahrzehnts hat Kuttner die Poseidon-Gärten zu einem Kur- und Urlaubsparadies gestaltet, ein laut Vincenzo Mazzella, Bürgermeister von Ischia, »in Europa einzigartiges Werk, eine Perle von höchster touristischer und wirtschaftlicher Bedeutung für die Insel«.

Eine Insel, die schon in der Antike wegen ihrer heilkräftigen Thermalquellen bekannt geworden war. Bereits vor 2000 Jahren strömten Griechen und Römer in Scharen herbei, um durch die heißen Quellen Gesundheit und Wohlbefinden zu erlangen. Der Ruhm der Thermal-Insel verbreitete sich im Laufe der Jahrhunderte über die ganze Welt. Ärzte und Schriftsteller loben seither ihre heilsame, verjüngende und gesundheitsfördernde Kraft.

Heute sind die Poseidon-Gärten die weitläufigste und zweifelsohne auch schönste Thermalanlage der Insel. Sie liegen in Forio, einem entzückenden, noch urtümlich anmutenden Fischerdorf. Hier laden die zehn Thermalschwimmbecken (davon neun im Freien) mit ihren verschiedenen Temperaturen die Kurgäste zum Baden und Schwimmen ein. Abweichend von klassischen Schemen der balneologischen Therapie verfolgen die Badeeinrichtungen der Poseidon-Gärten im Freien den Zweck, mit Hilfe einer aktiven Bewegungstherapie in paradiesischer Umgebung bestmögliche Kurerfolge zu erzielen.

Vor einem weitläufigen, 600 Meter langen gepflegten Sandstrand liegen die geschmackvoll angelegten exotischen Gärten auf einer Fläche von rund 100000 Quadratmetern, darin zerstreut die erwähnten, malerisch angeordneten und von Blumen umzäunten Thermalschwimmbecken. Die Temperaturen erreichen Celsius-Grade zwischen 28 und 40. Ein kaltes Becken zum Kneipen ergänzt das Angebot.

Durch die Becken fließt ständig quellfrisches Thermalwasser aus der Vulkanzone. Ein großes Olympia-Becken mit Meerwasser, das in der Vor- und Nachsaison geheizt wird, hilft mit, sich fit zu halten. Für weitere Kuren wie Inhalationen, Massagen, kosmetische Behandlungen und Sandbäder stehen moderne medizinisch-technische Einrichtungen bereit. Die Anlage der Poseidon-Gärten runden entsprechende gastronomische Lokalitäten (Restaurant, Café) ab. Die Poseidon-Kur ist neben Rheuma, Ischias, Bronchitis und Bandscheibenschäden unter anderem auch gegen frühzeitiges Altern angezeigt.

Während das Elektrizitätsunternehmen als Staatsbetrieb und dann als anonyme Gesellschaft immer höhere Verluste produzierte, stimmten die Zahlen des persönlich haftenden Privatunternehmers aus der Bundesrepublik. Ohne eine einzige Lira Unterstützung durch die öffentliche Hand hat er den Bäderbetrieb hochgezogen, garantiert dieser zur Zeit für mehr als 100 Insel-Familien den täglichen Broterwerb und läßt indirekt Hotels, Restaurants und den lokalen Handel und das Gewerbe profitieren, sind doch jährlich etwa 500000 Besucher der Poseidon-Gärten zu registrieren. Und mit mehr als 500 Millionen Lire zählt die Poseidon-Gärten KG nicht nur auf der Insel, sondern in ganz Süditalien zu den größten Steuerzahlern.

Doch die Gesellschaft zahlt nicht nur: 1981 belief sich der Ertrag aus dieser für einen Textilunternehmer alles andere als branchenüblichen Diversifikation auf rund 850000 Mark. Verständlich, daß Kuttner mit dieser 100prozentigen Tochter seiner Augsburger NAK Stoffe KGaA ein liebgewordenes Engagement hinterließ, das seine Erben pflegen werden.

Im Klärwerk arbeiten nur Karpfen

Bayernwerk AG

Die Bayernwerk AG ist das überregionale Stromversorgungsunternehmen in Bayern. Aus großen konventionellen und nuklearen Kraftwerken beliefert es die regionalen Weiterverteiler und die Stadtwerke der Landeshauptstadt mit elektrischer Energie. Aufgabe des Bayernwerkes ist es dabei, zu jeder Zeit den Strom bereitzustellen, der über die jeweils eigene Erzeugung im Versorgungsgebiet seiner Abnehmer hinaus für die öffentliche Stromversorgung im Lande benötigt wird. Mit seinem Netz von Hoch- und Höchstspannungsleitungen stellt das Bayernwerk einen leistungsfähigen Kraftwerks- und Netzverbund innerhalb des Landes sowie mit den Verbundpartnern im Rahmen des deutschen und europäischen Stromverbundsystems her. Die Aktionäre des Bayernwerks, das mehr als 3000 Mitarbeiter beschäftigt, sind der Freistaat Bayern (60 Prozent) und die bundeseigene Vereinigte Industrie-Unternehmungen AG – VIAG –, Bonn (40 Prozent).

Über Jahrzehnte stand bei der Stromerzeugung des Bayernwerks die Nutzung der Wasserkraft im Vordergrund. Aus dieser Zeit resultiert auch der für ein Elektrizitätsversorgungsunternehmen ungewöhnliche Tätigkeitsbereich: Bei einer durchschnittlichen ›Ernte‹ von 60000 bis 80000 Fischen ist das Bayernwerk Rekord-Karpfenhalter in Süddeutschland, unterhält es die größte Abwasserfischteichanlage der Welt.

Der Fremde fährt ahnungslos vorüber, hat für das am Straßenrand aufgestellte Schild ›Teichgut Birkenhof‹ nur einen kurzen Blick übrig. Wie sollte er auch ahnen, daß sich hier im Nordosten von München zwischen Aschheim und Ismaning hinter diesem bäuerlichen Namen die größte Abwasserfischteichanlage der Welt verbirgt? Vor über 50 Jahren, im Frühjahr 1929, wurde ein Teil dieser biologischen Kläranlage, die nach dem Prinzip der natürlichen Selbstreinigung arbeitet, erstmals mit Wasser gefüllt und damit der Betrieb aufgenommen. Geburtshelfer dieser immerhin zehn Quadratkilometer großen Anlage, in der die auch heute noch kaum übliche Abwasserreinigung mit Hilfe von Fischteichen vorgenommen wird, waren eigentlich zwei Vorhaben der Bayerischen Staatsregierung: die Errichtung einer Kläranlage für die Stadt München, die bereits 1913 vorgesehen war, aber wegen des Ersten Weltkrieges wieder verschoben werden mußte, und der seit 1908 bestehende Plan, die Wasserkraft der Isar zwischen München und Moosburg auszunutzen.

Es stellte sich jedoch heraus, daß beide Vorhaben nur schwer zu vereinbaren waren. Nach jahrelangen Verhandlungen dann endlich grünes Licht: In verschiedenen Bauabschnitten wurden die mechanische Kläranlage und die Wasserkraftanlagen errichtet. Die Stadt übernahm 1930 den Betrieb der Kläranlage Großlappen, und die ›Mittlere Isar AG‹ – mittlerweile in die Bayernwerk AG aufgegangen – verpflichtete sich zur weiteren Abwasserreinigung in ihren Anlagen. Diese damals getroffenen wasserrechtlichen Vereinbarungen haben bis heute ihre Gültigkeit behalten.

Besucht man die in einer etwa sieben Kilometer langen Kette liegenden Birkenhof-Teiche, so sieht man sich unvermittelt in eine Auenlandschaft versetzt. Die Flächen der einzelnen Abwasserfischteiche betragen zwischen fünf und neun Hektar. Dazwischen eingebettet liegen 30 Aufzucht- und Winterteiche unterschiedlicher Größe. Die Teiche sind durch den Bau von Dämmen künstlich auf das fast ebene Gelände am Südrand des Erdinger Mooses aufgesetzt. An der Nordflanke der Teichkette schließt sich – nur getrennt durch den Isarkanal – der Speichersee an. Mit seinen 600 Hektar ist er sowohl Kopfspeicher der Mittlere Isar-Treppe als auch Ausgleichsweiher für die Abwasserreinigung im Winter. Zudem nimmt er auch im Sommer die Restabwassermenge auf, die im Teichgut nicht verarbeitet werden kann, da die Abwasserfischteiche nämlich ausschließlich Sommerteiche sind. Nur während der Monate März bis Oktober bietet eine ausreichend hohe Wassertemperatur die günstigen Bedingungen für chemische und biologische Prozesse als Grundlage für das biologische Leben in den Teichen.

Im Frühjahr werden in den Abwasserfischteichen zweijährige Karpfen eingesetzt, pro Teich ca. 4000 mit einem Stückgewicht zwischen 200 und 500 Gramm. Während des Sommers erreicht der Karpfen das Fünf- bis Achtfache seines ursprünglichen Gewichtes. Die Gewichtszunahme, das Abwachsen, wie es die Fischer nennen, hängt nicht zuletzt auch mit den klimatischen Gegebenheiten zusammen. So haben warme Sommer beachtliche Ernten zur Folge.

Hauptaufgabe dieser Besatzkarpfen ist ihre Tätigkeit als biologischer Indikator. Es ist also – so der Fischmeister des Teichguts

Birkenhof – möglich, daß am Verhalten der Karpfen ein Fischer vorab beurteilen kann, in welchem Gewässerzustand sich der Teich gegenwärtig befindet. Dies bedeutet nicht, daß man deshalb auf eine chemische und biologische Überwachung verzichten kann. Aber durch seine Verhaltensreaktionen ersetzt der Fisch einen großen Teil der Laborarbeiten. Der biologische Abwasserabbau muß stets in Wasser mit ausreichendem Sauerstoffgehalt erfolgen, und es darf keinesfalls in sauerstoffarmen Wasser zu Fäulnisprozessen kommen. Deshalb muß das Abwasser zum Teich hin mit Isarwasser gemischt werden.

Ein verbreiteter Irrtum herrscht über die Nahrungsaufnahme der Karpfen. Da sie mitunter als ›Schweine der Fische‹ oder Allesfresser bezeichnet werden, ist man versucht anzunehmen, der Karpfen fresse im Teichgut irgendwelche Abwasserinhaltsstoffe. Irrtum. Der Karpfen ernährt sich im Teichgut – ebenso wie im freien Gewässer – von Fischnährtieren, also Kleinkrebsen, Wasserflöhen und Insektenlarven, die in einer natürlichen Nahrungskette entstehen, an deren vorläufigem Ende der Karpfen als ein qualitativ hochwertiger Speisefisch seinen Platz einnimmt. Nach seiner Abfischung im Oktober/November verbleibt er zur Hälterung in sauberem Isarwasser. Die meisten Bestellungen für die Fische laufen kurz vor Weihnachten ein. Da die Lieferungen frisch erfolgen müssen, beginnt der Fischmeister mit seinen Mitarbeitern bereits um Mitternacht mit der Arbeit. Bis sieben Uhr morgens sind die Karpfen gefangen, sortiert, getötet, gewogen, verpackt. Die Tiere werden in die ganze Bundesrepublik versandt. Auch aus den Reihen der Belegschaft steigt die Nachfrage nach den Zuchtergebnissen der Teichanlagen. So helfen die Leckerbissen mit, die Betriebskosten dieser Kläranlage zu senken. Der Verkaufserlös betrug im Jahre 1982 immerhin rund 350 000 Mark.

Besonders erwähnenswert ist noch die aktive Beteiligung des Karpfens an der Abwasserreinigung. Durch seine Eigenart, seine Nahrung am Grund zu suchen, bringt er die abgesetzten Stoffe durch seine Flossenbewegung stets wieder in das Wasser zurück. Er fördert so direkt die Mineralisierung organischer Stoffe und verhindert wirksam das Verlanden der Teiche. Ein Beweis für die gute Arbeit der Fische unter behutsamer Aufsicht ihrer Betreuer ist die Tatsache, daß die Teiche seit der mehr als 50jährigen Betriebszeit noch nicht ein einziges Mal geräumt werden mußten. Die Frage, warum das Teichgut Birkenhof nun so einzigartig ist, beantworten die Betreiber so: »Man muß zunächst erkennen, daß der Lieferant großer Abwassermengen, also eine Großstadt, selten eine Fläche von mehreren Quadratkilometern in unmittelbarer Nähe für die Abwasserreinigung opfern kann. Außerdem muß ja stets eine entsprechende Menge Verdünnungswasser von ausreichender Güte zur Verfügung stehen. Die Fläche, der Südrand des Erdinger Mooses, konnte hier bereitgestellt werden, denn der Boden war landwirtschaftlich nicht nutzbar und die Isar genügte den Ansprüchen nach Frischwasser. Wenn man bedenkt, daß das Abwasserfischteichverfahren noch dazu auf die gemäßigten Klimazonen beschränkt bleiben muß, wird man unschwer erkennen, daß selten alle diese Forderungen gleichzeitig erfüllt werden können.«

Heute käme es überdies wohl kaum in Frage, ein Moor trockenzulegen, um das Gelände in eine Kläranlage dieser Größenordnung zu verwandeln. Betrachtet man aber die tatsächliche Reinigungsleistung durch Abwasserfischteiche, so ergibt sich eine beeindruckende Leistungsbilanz.

Ein mechanisches Klärwerk zur Abtrennung der festen Verunreinigung kann relativ billig betrieben werden: Die Anlagen sind einfach und übersehbar und durch Klärwärter und Hilfskräfte problemlos zu betreiben. Führt man die Reinigung jedoch weiter, also über eine biologische Stufe, so wird diese Weiterreinigung bereits etwa um ein Drittel mehr Kosten verursachen, da teure Maschinen und ebenso teures Fachpersonal benötigt werden.

Wollte man nun mit herkömmlichen Klärtechniken die Endleistung des Teichgutes und des Speichersees erreichen, so lägen die Kosten noch höher. Das Teichgut entläßt nämlich ein Wasser, das klärtechnisch gesehen die größtmögliche Ähnlichkeit mit dem Isarwasser hat. Und hier liegt wohl das Geheimnis, warum sich dieser flächenmäßige Riese unter den Anlagen der Bayernwerk AG immer noch erfolgreich im Wettbewerb – auch mit den konventionellen neuen Kläranlagen – behaupten kann und in Fachkreisen große Beachtung findet.

Nun haben aber Fischteiche und Speichersee auch noch durch eine Nebenerscheinung Weltbedeutung erlangt, da sie schon bald von der Vogelwelt entdeckt wurden. Reichliche Nahrung und geschützte Lage lockten selten gewordene Brutvögel wie Grau- und Fischreiher, Strandläufer und sogar Flamingos herbei. Ebenso bot sich Zugvögeln des Nordens hier ein willkommener Rastplatz. Die Ornithologische Gesellschaft in Bayern führt in diesem Ismaninger Vogelparadies denn auch seit Jahrzehnten mit Unterstützung des Bayernwerks ihre Beobachtungen durch. Über 260 zum Teil in

Bayern vorher unbekannte Vogelarten wurden seither registriert. In den Monaten Juli/August mausern dort jährlich allein 15000 bis 20000 Tafelenten. Für diese Tauchentenart ist es der bedeutendste Mauserplatz Mitteleuropas geworden.

Seit Anfang 1963 ist das Gebiet nach einem Beschluß der Deutschen Sektion des Internationalen Vogelschutzrates ›Europa-Reservat‹. Der Internationale Vogelschutzrat ist bemüht, zum Schutze der nordischen Wasservögel auf ihrem Zug nach Süden und zurück eine geeignete ›Europastraße‹ zu schaffen: Durchzugsreservate von genügendem Umfang, wo die rastenden Vögel Ruhe finden und nicht gejagt werden. In dem dichtbesiedelten Europa schmilzt die Zahl dieser Tiere immer mehr. Bis von Skandinavien, ja bis vom asiatischen Rußland finden die Vögel den Weg zum Speichersee des Bayernwerks in Oberbayern. Das Gebiet ist Bayerns erstes ›Europa-Reservat‹.

Die Entwicklung dieser Vogelwelt fügt sich allerdings nicht ohne Schwierigkeiten in den Fischereibetrieb ein. Da im Winter die Abwasserfischteiche zur Regenerierung für das nächste Jahr trokkenliegen, weicht das Federtier bei seiner Nahrungssuche ohne Hemmungen auf die Winterteiche aus und dezimiert die künftigen Besatzfischbestände. Fazit: Das Bayernwerk betreibt hier Umweltschutz also nicht nur in der Art einer optimal umweltfreundlichen Abwasserbeseitigung, sondern versucht in großzügiger Weise eine der wenigen großen Vogelschutzzonen in Bayern zu erhalten. Für ein Elektrizitätsversorgungsunternehmen ein lobenswerter Versuch.

›Forelle blau‹ aus dem Bierbottich

Stern-Brauerei Carl Funke AG

Einen ›großen Fischzug‹ erhofft sich auch die Stern-Brauerei Carl Funke AG von einer noch sehr jungen Aktivität, die zumindest auf den ersten Blick völlig aus dem Rahmen fällt, nämlich der Forellenzucht in der ehemaligen Braustätte in Hitdorf.

Am 19. Februar 1872 wurde die Stern-Brauerei als Actien Bierbrauerei in Essen von dem Gewerke- und Bergwerksbesitzer Friedrich Funke gegründet. Das Aktienkapital, das Funke damals auftreiben konnte, belief sich auf 500000 Silberthaler. Am 3. August 1873 war es dann soweit: Der erste Bierausstoß konnte gefeiert werden. Zwei Jahre später – Essen zählte damals 52000 Einwohner – lag der Ausstoß schon bei knapp 35000 Hektolitern. Der ständige Aufwärtstrend wurde durch die totale Zerstörung der Braustätte im März 1945 jäh gestoppt. Während des Wiederaufbaus sprangen Lohn- und Tochterbrauereien hilfreich ein, so die Stern-Brauerei, die 1922 von der Actien-Brauerei übernommen worden war. Hier wurde bereits im 19. Jahrhundert ein Bier ›Pilsener Art‹ hergestellt, was die Urquell-Brauerei in Pilsen zu einer Klage gegen die Essener Brauer mit dem Ziel veranlaßte, die Bezeichnung ›Stern Pils‹ zu unterlassen – erfolglos. Am 2. Februar 1917 wies das Reichsgericht die Klage in höchster Instanz zurück.

1963 firmierte die ›Essener Actien-Brauerei‹ in ›Stern-Brauerei Carl Funke AG‹ um. Mit Braustätten in Essen, Dortmund und Köln erzielte das Unternehmen im Geschäftsjahr 1981/82 einen Bier-Ausstoß von 1,236 Millionen Hektoliter und einen Gesamt-Getränkeabsatz einschließlich Erfrischungsgetränke von 2,187 Millionen Hektoliter (Stern-Gruppe). Der Umsatz lag in diesem Zeitraum bei 215 Millionen Mark.

Man nehme einen gestrichenen Eßlöffel Mehl, einen halben Teelöffel Paprikapulver, einen halben Eßlöffel geriebenen Käse, 50 Gramm Butter, einen Eßlöffel gehobelte Mandeln und – eine bratfertige Hitdorfer Lachsforelle. Hitdorfer Lachsforelle? Nein, es handelt sich dabei nicht um einen umweltgeplagten Fisch, der sich hier in dem Leverkusener Stadtteil in den Rhein verirrt hat –

seine Heimat ist vielmehr ein Gärbottich einer stillgelegten Braustätte.

Die ungewöhnliche Geschichte der Hitdorfer Fischzucht begann in den siebziger Jahren. Die Stern-Gruppe suchte nach Möglichkeiten, ihre dortigen Gebäude und Einrichtungen wirtschaftlich zu nutzen, nachdem die Herstellung des früher hier gebrauten Bieres ausschließlich in die Kölner Dom-Brauerei ausgegliedert worden war. Was tun mit den verbliebenen Installationen? Zahlreiche Ideen wurden geboren – eine von ihnen realisiert, die Überlegung nämlich, die vorhandenen Einrichtungen für eine Forellenzucht zu nutzen.

Die wichtigsten Voraussetzungen für diesen Schritt waren gegeben: glasklares Brunnenwasser, das schon zum Bierbrauen benötigt worden war, und die großen Gärbottiche als Becken, in denen sich die Tiere in einem Wasser tummeln können, das durch flüssigen Sauerstoff gesättigt wird. Nur so ist garantiert, daß im Gegensatz zu Kühlturmsystemen zum Beispiel der Kraftwerke keine schädlichen Abgase in die Becken gelangen. Dies gilt auch für das Anwärmen des Wassers, das über ein geschlossenes System – frei von Umweltbelastungen – erfolgt. Die Becken gleichen einem fließenden Bach, in dem die Forellen gegen eine Strömung anschwimmen müssen. Dadurch bekommen die Tiere festes Muskelfleisch. Futterreste und Stoffwechselprodukte werden in der Strömung abgeführt und können sich nicht im Becken absetzen.

Übrigens haben Fische in Brauereien eine gewisse Tradition: Früher wurden Karpfen in das Kühlwasser der Berieselungskondensatoren eingesetzt, um die Anlage von lästigen Algen zu befreien. Stern entschied sich für Forellen, um eine Marktlücke zu füllen. Die aus den reinen Mittelgebirgsbächen stammenden Tiere können die Nachfrage schon seit Jahren nicht mehr decken. Hinzu kommt, daß ihr Lebensraum immer größeren Umweltbelastungen ausgesetzt ist. Importe und eine höhere Produktionsrate in bundesdeutschen Teich- und Industrieanlagen lösten im wesentlichen nur das Mengenproblem. Deshalb wählte die Stern-Brauerei eine ausschließlich auf Qualität ausgerichtete Lösung, die negative Umwelteinflüsse auf die Forellen weitgehend ausschließt, ihnen Voraussetzungen schafft, die den natürlichen Lebensbedingungen draußen sehr nahe kommen.

Nachdem der Konzern-Vorstand im Herbst 1979 seine grundsätzliche Zustimmung zu dieser branchenfremden Diversifikation gegeben hatte, wurden die ersten Zuchtversuche unter Aufsicht der

Landesanstalt für Fischerei in einer Pilotanlage gestartet. Das Vorhaben, an dem auch die Bundesanstalt für Fischerei und der Fischgesundheitsdienst bei der Tierärztlichen Hochschule Hannover mitwirkten, war so erfolgreich, daß die Unternehmensleitung im September 1982 guten Gewissens den Ausbau dieser Aktivität beschließen konnte.

Seither füllen Zehntausende Forellen unterschiedlichster Größe die Bottiche, in denen zuvor Gerstensaft gebraut wurde – in diesem Zusammenhang sei darauf hingewiesen, daß ›Forelle blau‹ eine Zubereitungsart ist und in keinem anderen Verhältnis zu dieser Zuchtstätte zu sehen ist. Bereits in den ersten Monaten konnte dieses Profit-Center der Dom-Brauerei Köln und der Hitdorfer Brauerei einige Tonnen Forellen vermarkten. Zielgruppe sind Betriebe aller Handelsstufen, die qualitätsbewußte Verbraucher beliefern. Dann mit den Ergebnissen der Brauerei-Züchter sollen vor allem Fischliebhaber angesprochen werden, die Wert auf einen klaren, reinen Geschmack frischer Forellen legen, die nach drei Monaten ein Gewicht von rund 300 Gramm erreichen, die zum Teil aber auch erst die Bottiche nach einem knappen Jahr mit einem Gewicht von drei oder vier Pfund verlassen, weil's der Kunde so wünscht.

Doch zurück zum gestrichenen Eßlöffel Mehl: Nachdem die Forelle innen und außen kalt abgebraust und trockengetupft worden ist, wird das Mehl mit dem Paprikapulver und dem Käse gemischt. Der Fisch wird darin gewendet und auch innen damit ausgestreut. Die Butter dann in der Pfanne zerlassen und die Forelle bei mittlerer Hitze von jeder Seite fünf bis acht Minuten darin anbraten. Anschließend werden die Mandeln in der Bratbutter hellbraun angeröstet und über die Forelle verteilt. ›Hitdorfer Lachsforelle in Mandelbutter‹ lautet dieser Rezeptvorschlag der Bierbrauer, die – wenn das tierische Geschäft erst einmal so richtig angelaufen ist – jährlich ein paar hunderttausend Forellen auf den Markt bringen werden. Wohl bekomm's!

Mit Chryslers De Soto an den Start gegangen

Kaufhof AG

Es begann mit einer Idee und 3000 Talern: Als Bismarck Reichskanzler war und Pferde die Straßenbahnen zogen, gab ein junger Kaufmann in Stralsund die Eröffnung eines ›Garn-, Knopf-, Posamentier- und Wollwaaren-Geschäftes en gros & en detail‹ bekannt. 25 Quadratmeter zählte der Laden, in dem Leonhard Tietz mit einer Verkäuferin und einem Lehrjungen auf Kundschaft wartete. Seine unternehmerische Tat: Zu einer Zeit, als es durchaus üblich war, um den Preis zu feilschen und beim Kaufmann anschreiben zu lassen, führte Tietz ›Barzahlung bei festen Preisen‹ ein. Dies wurde von der zumeist ländlichen Kundschaft zunächst mißtrauisch aufgenommen. Da der Geschäftsmann seine Ware jedoch preiswert verkaufte und der Kunde sich reell behandelt fühlte, begann der kleine Laden schnell zu florieren.

Ein Laden, der sich in den letzten hundert Jahren zum zweitgrößten Warenhaus-Konzern entwickelte, dem ›Kaufhof‹. In mehr als 200 Filialen erwirtschafteten die rund 47 000 Beschäftigten im Jahre 1982 einen Gesamtumsatz von fast 8,5 Milliarden Mark. Es sind jedoch nicht allein Socken und Klappstühle, Nerze und Oliven, sprich rund 150 000 verschiedene Artikel aus den großen Sortimentsgruppen, für die der Konzern Tag für Tag Käufer findet: Die hundertprozentige Tochtergesellschaft Zentra Auto Handelsgesellschaft mbH macht ihr Geschäft mit dem Verkauf und der Wartung von Opel-Fahrzeugen – ›Kaufhof-Autos‹, wenn man so will.

Köln, den 5. Januar 1950: Hans Hoemann, der die Kraftfahrzeug-Zentrale der Westdeutschen Kaufhof AG betreute, hatte schon seit Monaten einen Plan ausgeheckt, den er immer wieder überdachte, dessen Zahlen er Woche für Woche neu rechnete, von dessen Vorteilen er schließlich fest überzeugt war. Also diktierte er an diesem kalten Wintertag seiner Sekretärin eine Aktennotiz an das Kaufhof-Vorstandsmitglied Erich Casaretto in den Stenoblock.

Tenor: Das Unternehmen kauft ›alles für das Auto‹ durch eine zu diesem Zweck zu gründende Automobil-Handelsgesellschaft, sei es

Treibstoff oder Öl, Reifen oder Ersatzteile, ja sogar fabrikneue Wagen. »Zweck und Ziel dieser Gesellschaft ist es, mit den entsprechenden Firmen der verschiedenen Branchen des Kraftfahrwesens Vertretungsverträge abzuschließen und die Bestellungen der AG aus steuerlichen und verwaltungstechnischen Gründen möglichst im Streckengeschäft auszuführen«, formulierte Hoemann. Der erzielte Rabatt könne beim Abschluß des Geschäftsjahres nach Abzug der Kosten von dem neuen Unternehmen an die einzelnen AG-Gesellschaften – ihren Bestellungen entsprechend – ausgezahlt werden.

Und dann rechnete Hoemann detailliert vor: Bei einem Wagenbestand von 200 Fahrzeugen für das Gesamtunternehmen Westdeutsche Kaufhof AG und bei Zugrundelegung einer Laufzeit von drei Jahren pro Fahrzeug müßten jedes Jahr durchschnittlich 70 Fahrzeuge neu beschafft werden. Bei einem Preis von 6000 Mark pro Wagen und einem von den Herstellern in Aussicht gestellten Rabatt von 5 Prozent ergäbe dies eine Summe von 21000 Mark. Hinzu kämen weitere 8000 Mark Rabatt bei der Bereifung, 64000 Mark beim Treibstoff (»nur bei Bezug in Kesselwagen von 20000 Litern«) und 4000 Mark beim Öl.

Fazit der Kalkulation: »Wenn es sich auch bei den angeführten Zahlen nur um Schätzungen handelt, so kann doch lediglich eine Verschiebung einzelner Sparten auftreten ... Jedenfalls kann durch die Errichtung der Automobil-Handelsgesellschaft eine wesentliche Einsparung erzielt werden.« Casaretto und seine Vorstandskollegen verstanden die Botschaft: Am 23. März 1950 wurde der Gesellschaftervertrag unterschrieben, am 9. Mai 1950 die Firmengründung der Zentra Auto Handelsgesellschaft mit beschränkter Haftung im Handelsregister eingetragen.

Es dauerte nicht lange, da hatten Hoemann und seine an einer Hand abzuzählenden Kollegen, die inmitten der Kölner Trümmer-Szenerie in einer kleinen Holzbaracke ihre Aktivitäten starteten, auch schon den ersten Wagen verkauft, einen De Soto aus dem Hause Chrysler. Bereits wenig später konnte Zentra Auto ein für die damalige Zeit sehr repräsentatives Ausstellungslokal mit einer angrenzenden Werkstatt und einem entsprechenden Ersatzteillager beziehen, das eine Kölner Zeitung ins Schwärmen geraten ließ: »Kölns Hohe Straße ist um einen weiteren Verkaufsladen bereichert worden. Diesmal um den Verkaufsladen einer Branche, die in dieser großartigen Geschäftsstraße noch nicht vertreten war, nämlich der Autobranche. Die Verkaufs-und Verwaltungsräume des neuen

Autohauses sind in fast unwahrscheinlich kurzer Zeit erbaut worden und lassen in Eleganz, Zweckmäßigkeit und architektonisch klarer Linienführung keinen Wunsch offen. An der Decke des bis auf den letzten Zentimeter ausgenutzten Verkaufsraums schlängelt sich eine Neonbeleuchtung, die in Verbindung mit den verstellbaren Scheinwerfern an der Innenseite der Schaufenster die zum Kauf anreizenden Lichtreflexe auf die spiegelblanken Karosserien der eleganten De Soto-Wagen werfen wird.«

Im ersten vollständigen Geschäftsjahr anno 1951 konnte Zentra Auto mit elf kaufmännischen und gewerblichen Mitarbeitern 15 Fahrzeuge verkaufen. Ein Jahr später – die Zahl der Beschäftigten war auf 17 gestiegen – wurde der Absatz von 18 De Soto-Wagen in den Geschäftsbüchern festgehalten. Nachdem zum 1. Januar 1953 mit Fiat eine zweite Automobil-Vertretung hinzugewonnen werden konnte, wurde der Wunsch nach einer größeren Werkstatt bald Wirklichkeit. Im Juni 1953 bezog das Unternehmen die Räumlichkeiten, in denen es seither zu Hause ist. Auch das Verkaufsgeschäft an der Hohen Straße veränderte sich und erhielt in dem hier neu erbauten Kaufhof-Komplex ein rund 500 qm großes Ladenlokal, auf das die Zentra-Geschäftsführung heute noch stolz ist.

Veränderungen aber auch im Angebot: In den fünfziger Jahren handelten die Auto-Verkäufer des Warenhaus-Konzerns auch mit BMW- und Simca-Modellen und zählten darüber hinaus noch Faun-Speziallaster zu ihrem Programm. »Am 1. Oktober 1961 hatten wir dann das Glück, einen Opel-Händlervertrag zu erhalten. Zu diesem Zeitpunkt wurden alle übrigen Verträge, die wir mit anderen Firmen geschlossen hatten, gekündigt, um uns ganz dem Verkauf der Opel-Modelle Blitz, Rekord und Kapitän widmen zu können. Eine Entwicklung, über die wir heute noch sehr froh sind, zumal das Programm mittlerweile so breit gefächert ist, daß wir jeden Kundenwunsch nach Größe und Stärke eines Fahrzeugs erfüllen können. Auch aus der Sicht der Werkstatt hat sich die Entscheidung für ein Fabrikat als vorteilhaft erwiesen«, konstatiert Zentra-Geschäftsführer Rolf Kaps nach mehr als zwei Opel-Jahrzehnten.

Knapp 1000 Neuwagen waren es, die Kaps und seine insgesamt 65 Mitarbeiter zählende Belegschaft im Jahre 1982 verkaufen konnten, davon gut zehn Prozent an die Konzern-Mutter Kaufhof. Darüber hinaus fanden fast 500 Gebrauchtwagen neue Besitzer. Zusammen mit dem Werkstatt-Aufkommen erzielte Zentra Auto einen Umsatz von 22 Millionen Mark und schrieb dabei wie vom ersten Jahr an »gute schwarze Zahlen« (Kaps), die vertragsgemäß in die Kaufhof-Kasse flossen. Wie hatte Zentra-Initiator Hoemann am 5. Januar 1950 diktiert: »Jedenfalls kann durch die Errichtung einer Automobil-Handelsgesellschaft eine wesentliche Einsparung erzielt werden.« Der Mann hat recht behalten, streicht doch der Auto-Käufer Kaufhof die Handelsspanne am Jahresende selbst ein – und nicht nur die!

›Der Kaufhof bietet tausendfach, alles unter einem Dach‹ – ein alter Leitspruch, der sogar auf des Deutschen liebstes Kind zutrifft.

Als der Reiseführer noch unter dem Tischbein landete ...

Michelin Reifenwerke KGaA

Das heute weltweit tätige Unternehmen Michelin, einer der größten Reifenhersteller überhaupt, verdankt seine Entstehung einem englischen Touristen, der an einem Sommernachmittag im Jahre 1898 die Auvergne besuchte. Eine Reifenpanne an seinem Fahrrad zwang ihn zu einem Stopp. In einer kleinen Werkstatt in Clermont-Ferrand, die Artikel aus Gummi herstellte, hoffte er auf Hilfe. Damals waren die Reifen noch fest mit der Felge verklebt, was mehrere Arbeitsstunden pro Reparatur bedeutete.

Edouard Michelin, einer der beiden Werkstatt-Brüder, war jedoch überrascht von dem Komfort dieser luftgefüllten Reifen, den er bei einer Probefahrt kennenlernte, wußte aber, daß die Freude über diesen Fortschritt erst dann vollkommen sein würde, wenn das Auf- und Abmontieren der Reifen problemlos gelöst sei. Eine Idee war geboren – wenige Monate später präsentierten die Gebrüder Michelin den ersten mit Leichtigkeit auf- und abmontierbaren Reifen. Knapp ein Jahrhundert danach zählt der aus diesen Anfängen entstandene Konzern 120000 Mitarbeiter in 53 Produktionsstätten weltweit, davon rund 10000 in den fünf bundesdeutschen Betrieben der Michelin Reifenwerke KGaA, die 1982 einen Umsatz von mehr als zwei Milliarden Mark erzielte.

Der Name Michelin steht jedoch nicht nur für Reifen: Das touristische Engagement des Unternehmens, das sich in einer weitgefächerten Palette von Reiseführern und Hotelkarten niederschlägt, ist vor allem durch den roten Hotelführer bekanntgeworden, der kurz und knapp als ›der Michelin‹ zu einem Standard-Nachschlagwerk vieler Reisender geworden ist.

Man schrieb das Jahr 1900. Fünf Jahre sind vergangen, seit die ›Société des pneumatiques Michelin‹ den ersten Reifen für Automobile zu einer Zeit produziert hat, da das Auto noch in den Kinderschuhen steckte. Zur Jahrhundertwende, als noch kaum 3000 Autos die Straßen Frankreichs alles andere als verstopften, war eine Fahrt mit dem Wagen fürwahr ein Abenteuer. André Michelin, einer der Gründer des Reifenherstellers, war sich darüber im klaren, daß man sich dieser Abenteuer schnell überdrüssig werden würde, daß das Automobil nur dann eine Zukunft haben könnte, wenn das Reisen so angenehm wie möglich gestaltet würde. Die Idee war geboren: Ein Reiseführer mußte her!

Als der Reifenproduzent im Jahre 1900 den ersten ›Michelin‹ präsentierte, hieß es im Vorwort: »Dieses Werk erscheint mit dem neuen Jahrhundert und wird auch genauso lange wie dieses bestehen. Das Automobilwesen ist gerade erst entstanden. Es wird sich von Jahr zu Jahr weiter entwickeln und mit ihm der Reifen, denn der Reifen ist das wichtigste Element des Autos. Ohne ihn ist das Fahren unmöglich.«

Auch wenn die erste Ausgabe des Michelin-Reiseführers nur 400 Seiten im kleinen Format (ca. 10 × 15 cm) zählte, so hatte André Michelin in seinem Streben nach Vollkommenheit bereits die wichtigsten und nützlichsten Informationen für Autofahrer aus allen Ländern zusammengetragen. Drei Fragen waren es, an deren Beantwortung Michelin gedacht hatte: Wo finde ich eine adäquate Unterkunft und eine gute Küche? Wie kann ich mich in größeren Städten am besten orientieren? Wo erreiche ich die nächste Tankstelle und Werkstatt?

Schon bei der ersten Ausgabe traf der Reiseführer-Autor eine strenge Auslese unter den Hotels. Er empfahl nur diejenigen, die sorgfältig auf das Wohlergehen und den Komfort ihrer Gäste bedacht waren. Mit Schmunzeln liest man heute folgenden Absatz in den Erläuterungen des Premierenwerks: »Wir kennzeichnen mit drei Sternen die Hotels, in denen man für ein mittleres Zimmer, Bedienung, Kerze, Frühstück, Mittag- und Abendessen einschließlich Wein mit einem Preis von mehr als 13 Franken rechnen muß. Wenn Ihnen dieser Preis zu hoch erscheint, begnügen Sie sich mit einem Ein-Stern-Hotel, in dem Sie unter gleichen Bedingungen mit einem Preis von weniger als zehn Franken täglich rechnen können . . .«

André Michelin wußte sehr wohl, daß er mit seinem Reiseführer den Verkehr erleichtert. »Solange der Autofahrer in der Stadt oder auf der Landstraße auf Fallen stößt, solange wird er zögern, sich hinauszubegeben und zu fahren. Wir müssen alles tun, um ihm die Reise so einfach und angenehm wie möglich zu machen«, lautete die Zielsetzung. Denn dann würde die Zahl der Autofahrer steigen, würden mehr Fahrzeuge gekauft, also mehr Reifen benötigt – die Interessenlage war nicht zu übersehen.

Eine Zielsetzung, die der Reiseführer allein vielleicht doch nicht erreichen würde. So arbeitete Michelin jahrelang an seinem Vorhaben, zunächst Frankreich, dann Europa, Afrika und Amerika mit Straßenkarten auszustatten, die leicht lesbar, übersichtlich und stets aktuell sein mußten. 1906 nahm er das Projekt endgültig in Angriff, zu einer Zeit, in der nur Verwaltungs- und militärische Karten existierten. Sieben Jahre später lag die erste Autostraßenkarte vor! Auf 47 Seiten war das französische Straßennetz im Maßstab 1:200000 nachzublättern.

Gleichzeitig führte Michelin einen verbissenen Feldzug für die Einführung der Landstraßen-Numerierung. Als typisches Anwenderbeispiel führte er wiederholt die Geschichte von dem englischen Kunden an, der ihn nach der günstigsten Straßenverbindung von Paris zur Côte d'Azur fragte. Wie einfach wäre es gewesen, ihm lediglich ›Nr. 7‹ auf einen Zettel zu schreiben, führt die Nationalstraße 7 doch bis zur italienischen Grenze. Doch auf den Straßen fehlten zum Teil die Markierungssteine, oder aber die Inschriften waren fast unleserlich. Dem englischen Gast mußte also eine lange Liste der zu durchquerenden Städte erstellt und mitgegeben werden. Dies ließ André Michelin keine Ruhe: Er ließ eine Vorrichtung für die Straßenbeschilderung ausarbeiten, die ›Michelin-Beschilderung‹, auf der Buchstaben und Zahlen in großen Lettern angebracht wurden. Und damit sein Markierungsstein auch akzeptiert wurde, stiftete er den Straßenbaubehörden 50 Steine für jedes der 90 französischen Departements.

Doch zurück zum Reiseführer von 1900, der unter anderem eine ganze Rubrik über die französischen Orte enthielt, in denen sich ein Treibstofflager befand – das Benzin wurde in jener Zeit oft in Kanistern bei Kolonialwarenhändlern und Farbenhändlern gekauft. André Michelin hatte sich dazu entschlossen, den Reiseführer kostenlos abzugeben, auch wenn ihm die beträchtlichen Kosten des jährlich erscheinenden Werkes mitunter Kopfzerbrechen bereiteten. ›Michelin Reiseführer – ein Geschenk für die Autofahrer‹ hieß denn die stolze Aufschrift auf dem Umschlag der Erstausgabe. Michelin hatte auch der Versuchung widerstanden, die Hoteliers als glückliche Nutznießer einer solchen Werbung an den Kosten zu beteiligen. Bis zum heutigen Tag blieben die Herausgeber entschlossen, unabhängig zu bleiben, um den Autofahrern optimale Dienste erweisen zu können. Das Prinzip ›Pour être inscrit au Guide Michelin, pas de piston, pas de pot de vin‹

ist im Laufe der mehr als acht Jahrzehnte unangetastet geblieben, sprich weder Empfehlungen noch Bestechungsgelder verhelfen zum Einzug in den Reiseführer.

Einige Jahre später nahm Michelin den Entschluß, sein Werk gratis abzugeben, reumütig zurück. Im Verlauf eines Gespräches mit dem Inhaber einer Reparaturwerkstätte in der Provinz zog ihn dieser im Eifer des Gefechtes in ein Hinterstübchen. Dort bemerkte der Gast einen alten, mit verstaubten Papieren überhäuften Tisch in einer düsteren Zimmerecke. Dieses ehrwürdige Möbelstück hatte im Laufe der Jahre einen großen Teil eines seiner vier Beine verloren. Um nun das endgültige ›Aus‹ des geliebten Tisches zu verhindern, hatte der Inhaber das Gleichgewicht mit einem ansehnlichen Stoß Michelin-Reiseführer wiederhergestellt. Von der nächsten Ausgabe an mußte ›der Michelin‹ gekauft werden . . .

In Deutschland ließen die Verkaufserfolge jedoch lange auf sich warten. 1910 wurde der Reiseführer hier auf den Markt gebracht, 1914 verschwand er wieder. Genau 50 Jahre später wagte die deutsche Michelin-Gesellschaft einen zweiten Anlauf, diesmal mit dem erhofften Echo bei dem nunmehr weit größeren Heer der Autofahrer. In den mittlerweile rund zwei Jahrzehnten nach Wiedergeburt der touristischen Aktivitäten des Reifenproduzenten hat sich dieses langsam anrollende Engagement zu einem wahren Renner entwickelt. Ob Länder- und Städteführer, Hotel- oder Campingführer, Länder- oder Regionalkarten, deren Auflagen weltweit jeweils die Millionengrenze überschreiten: Auf den deutschen Michelin-Ableger entfällt ein ansehnliches Stück des weit mehr als 50 Millionen Mark zählenden Touristik-Kuchens.

Eines der auch hierzulande bekanntesten Werke der gesamten Produktpalette ist der rote Hotelführer mit mehr als 10000 erwähnten Häusern. Acht festangestellte Inspektoren sind es, die bis auf wenige Wochen im Jahr Tag für Tag an der Front sind und die genannten Hotels und Pensionen in einer gewissen Regelmäßigkeit unter die Lupe nehmen. Hinzu kommen die Häuser, auf die die Führer-Redaktion zum Beispiel von Lesern, Kurverwaltungen oder Fachverbänden aufmerksam gemacht werden. Hier erscheinen die Inspektoren zunächst inkognito, speisen oder übernachten wie Herr Müller oder Frau Schmitz, ehe sie sich anschließend zu erkennen geben und sich dann vom Chef durch das Haus führen lassen. Das Ergebnis ist Jahr für Jahr vergleichbar: Für ein paar hundert Hotels ist mit dem Besuch des Inspektors das Ende ihrer Michelin-

Erwähnung eingeläutet, für ein paar Hundert beginnt diese Zeit dafür, frei nach dem nach wie vor gültigen Michelin-Motto: ›Pour être inscrit au Guide Michelin, pas de piston, pas de pot de vin . . .‹

Wie der Finanzminister zum Hotelier wurde

Bundesrepublik Deutschland

Es sind schon stolze Zahlen, die der ›Konzern‹ Bundesrepublik Deutschland Jahr für Jahr präsentiert. Auf mehr als 900 beliefen sich Ende 1982 die bedeutenderen unmittelbaren und mittelbaren Beteiligungen des Bundes und seiner Sondervermögen (zum Beispiel Bundesbahn und Bundespost). Aus diesen Beteiligungen flossen dem Unternehmer Bundesrepublik im Haushaltsjahr 1982 knapp 200 Millionen Mark in die Kasse. Das gesamte Nennkapital der Unternehmen, an denen der Bund beteiligt ist, beträgt etwa zehn Milliarden Mark. Der Anteil der öffentlichen Hand an dieser Gesamtsumme liegt bei rund 50 Prozent.

Es sind jedoch nicht nur Konzerne wie die Volkswagenwerk AG, die Veba AG oder die Salzgitter AG, die den Bund zu ihren Anteilseignern zählen. So ist er unter anderem Alleinaktionär der schweizerischen Hotel AG in Davos-Dorf mit einem Grundkapital von 50000 Franken, ist er mit 50 Prozent an der Deutsches Primatenzentrum GmbH in Göttingen beteiligt. Erholungsheim und Affenzucht – Diversifikation war für den über die Landesgrenzen hinaus agierenden Unternehmer Bund nie ein Fremdwort.

Umschlossen vom Schwarzhorn, Jakobshorn und dem Weißfluh-Parsenngebiet liegt im schweizerischen Kanton Graubünden der Kurort Davos. Hier im Landwassertal, das von Wiesen und Wäldern eingesäumt ist, die dem weltbekannten Kur- und Sportzentrum trotz städtischer Atmosphäre die unverfälschte Ländlichkeit der Natur bewahrt haben, gibt sich der Jet-set Jahr für Jahr ein Stelldichein, nicht nur im Winter, wenn es schneit. Davos, das ist 1560 Meter über dem Meeresspiegel nicht nur ein begehrtes Ziel für Wintersportler, sondern auch für Sommerurlauber, die hier ein vielfältiges Erholungs-Programm erwartet.

Ein obligatorischer Programmpunkt ist ein geruhsamer Bummel über die Promenade von Davos-Dorf mit ihren zum Teil altehrwürdigen Hotelbauten, die um die Jahrhundertwende errichtet wurden.

Zu ihnen zählt das ›Mon Repos‹, das in den Jahren 1907/08 als Hotel gebaut wurde, jedoch rund zwei Jahrzehnte lang nie den erhofften Zuspruch fand. Die Folge: 1928 wurde das Haus in ein Privatsanatorium umgewandelt. Acht Jahre später taucht in den spärlichen Akten über die Entwicklung dieses einst sehr prächtigen Hauses erstmals der Name ›Hotel AG‹ auf. Wie diese Gesellschaft entstand und wer ihre Anteile hielt, bleibt dem Ahnenforscher vorenthalten.

Die abwechslungsreiche Geschichte des von einem großen Gartengelände umgebenen Baus wird erst sechs Jahre später wieder aktenkundig. Im Jahre 1942 erwarb das Deutsche Tuberkulosen-Hilfswerk in der Schweiz die Aktien der Hotel AG mit der Absicht, das Sanatorium für die Behandlung erkrankter Soldaten aus Deutschland zu nutzen. Am 20. Juli 1945 setzte der schweizerische Bundesrat diesem Tun ein Ende. Die Hilfsorganisation wurde aufgelöst, die Bundesanwaltschaft mit der Liquidierung des Unternehmens beauftragt. Ein Jahr später folgte eine neue Entscheidung des Bundesrates: Die Verwaltung wurde auf eine deutsche Interessenvertretung übertragen, das Sanatorium weitergeführt. Mehrere Jahre lang wurde das Haus dann von verschiedenen Mietern als Sanatorium genutzt.

Am 24. Februar 1953 war es dann soweit. Der schweizerische Bundesrat übertrug das bis dato von der deutschen Interessenvertretung betreute Objekt auf die Bundesrepublik Deutschland, die Alleinaktionär der Hotel AG wurde und als Gegenleistung 200000 Schweizer Franken für deutsche Fürsorgeverbände in der Schweiz zahlte. Der Bundesminister für Arbeit, der bereits die Höhenklinik Valbella zu seinem Portefeuille zählte, übernahm nun auch das Davoser Haus, das zunächst von französischen, später dann ausschließlich von deutschen Patienten frequentiert wurde.

Am 31. August 1957 wurde der Betrieb als Sanatorium eingestellt. Die Klinik in Valbella genügte dem Arbeitsministerium – die Zuständigkeit für die Anlage in Davos ging mit diesem Tag an den Bundesminister für Finanzen über. Die sofort eingeleiteten Versuche, das Objekt zu veräußern, schlugen jedoch fehl. So blieb dem unfreiwilligen Eigentümer nichts anderes übrig, als das Haus – vornehmlich in der Winter-Saison – von einem schweizerischen Ehepaar als normales Hotel weiterführen zu lassen. Das Ergebnis: mal schwarze, mal rote Zahlen.

Fünf Jahre lang dauerte diese Phase, ehe die in dem Referat für Bundesliegenschaften geführte Akte ›Hotel AG‹ Zuwachs erhielt.

Im Sommer 1962 wurde ein Mietverhältnis besiegelt, das vorerst bis zum Jahr 1988 Bestand haben wird. Für einen jährlichen Betrag von damals 54 500 Schweizer Franken konnte das Bundesministerium der Verteidigung vorerst für fünf Jahre als Mieter gewonnen werden, der das Erholungsheim – zunächst über das Bundeswehr-Sozialwerk e.V., das seit 1967 selbst Hauptmieter ist – Soldaten und Beamten aus seinem Bereich als Urlaubsstätte anbot.

Ein Angebot, das – und dafür sprechen die regelmäßigen Verlängerungen des Mietvertrages – nach wie vor zieht. Das 119 Betten zählende Haus, dessen Zimmer seit dem Sommer 1983 alle modernisiert sind, ist trotz seines stolzen Alters in ausgezeichnetem Zustand. Mittlerweile läßt sich der Mieter dieses Engagement jährlich 108 000 Schweizer Franken kosten, ein Betrag, der so kalkuliert ist, daß er dem Eigentümer Jahr für Jahr einen kleinen Gewinn garantiert. Im Geschäftsjahr 1981/82 belief sich dieser auf 18 727 Schweizer Franken. Dabei ist zu berücksichtigen, daß der Mieter erforderliche Modernisierungs- und Bauerhaltungsmaßnahmen selbst finanziert.

Dennoch: Der Bundesminister für Finanzen überlegt weiterhin, Mon Repos langfristig zu verkaufen. Vor einigen Jahren wurde sein Verkehrswert auf 1,8 Millionen Schweizer Franken geschätzt, eine Summe, die zu zahlen bislang niemand bereit war. »Und verschleudern«, so verlautet es aus dem Ministerium, »können wir dieses Erbe ja auch nicht.« So wird der Bund, wird der Finanzminister wohl auch in den kommenden Jahren Alleinaktionär einer schweizerischen Hotel Aktiengesellschaft bleiben, sich weiterhin Eigentümer einer altehrwürdigen Hotelanlage in Davos nennen dürfen.

Die ›Affen GmbH‹ der öffentlichen Hand

Was lange währt, wird – hoffentlich endlich gut: Nach rund zehnjährigen Verhandlungen, Diskussionen und Auseinandersetzungen unterzeichneten der Bund und das Land Niedersachsen im August 1977 den Gesellschaftsvertrag über die ›Deutsches Primatenzentrum GmbH‹ mit Sitz in Göttingen. Finanziert wird die ›Affen GmbH‹ der öffentlichen Hand vom Bund (50 Prozent) und von allen Bundesländern (50 Prozent).

Was steckt hinter diesem Engagement an jener Einrichtung mit Service-Funktionen für die Forschung, die auf dem Neubaugelände der Göttinger Universität allmählich ihrer baulichen Vollendung entgegengeht? Die Primaten sind eine Ordnung der Säugetiere, zu der neben dem Menschen rund 600 Arten und Unterarten heute lebender Halbaffen, Affen und Menschenaffen sowie eine große Zahl von Fossilformen gehören. Die Primatologie befaßt sich mit der Biologie der Primaten. Sie erforscht ihre normalen morphologischen, physiologischen, biochemischen und ethologischen Eigenschaften und deren pathologische Veränderungen. Sie macht deutlich, in welcher Weise viele dieser Eigenschaften als Anpassung an die natürliche Umwelt – zu der beispielsweise auch die Krankheitserreger gehören – der verschiedenen Primatenarten zu verstehen sind, und rekonstruiert ihre Stammesgeschichte. Damit bildet die Primatologie die Grundlage für das Verständnis der Entstehung auch des menschlichen Körpers und seiner Funktionen und trägt zur Klärung der Frage nach der Stellung des Menschen in der Natur bei.

Diese Forschung über Primaten hat gezeigt, daß die übrigen Primaten entsprechend ihrer Stellung im natürlichen System in Gestalt und allen Funktionen weit mehr als andere Säugetiere mit dem Menschen übereinstimmen. Das ist die Grundlage der experimentell-medizinischen Forschung mit nichtmenschlichen Primaten als Versuchstiere. Eine große Zahl von Einzelbefunden hat in der Vergangenheit immer wieder bestätigt, daß diese Tiere – vor allem Affen und Menschenaffen – im Experiment als Modell hervorragend geeignet sind. Den Affen als Modellorganismus schlechthin gibt es jedoch nicht. Vielmehr unterscheiden sich die zahlreichen Arten und Unterarten in vieler Hinsicht und zum Teil wesentlich voneinander.

»Die Bedingungen, unter denen die verschiedenen Arten am besten gehalten und gezüchtet werden können, sind noch ganz unzureichend bekannt. Die Zucht gesunder Versuchstiere wird aber in Zukunft immer wichtiger werden. Erstens, um die Qualität der Versuchstiere zu verbessern, sie beispielsweise frei von bestimmten Infektionen zu halten; zweitens, weil sich der Bedarf an Versuchsprimaten auf die Dauer nicht durch Importe decken lassen wird. Der zunehmende Bedarf an Affen für die Forschung und die fortschreitende Einengung ihres Lebensraumes durch den Menschen haben bei einigen Arten, besonders den Menschenaffen, bereits jetzt zu einer bedrohlichen Verkleinerung der Wildbestände geführt. Und drittens werden für eine Reihe von Forschungsobjekten trächtige Tiere und Neugeborene benötigt, die nur aus Zuchtkolonien zu erhalten sind. Alle mit der Haltung und Zucht von Primaten zusammenhängenden Fragen können nur in enger Zusammenarbeit mit dem gesamten Gebiet der naturwissenschaftlichen Grundlagenforschung bearbeitet werden.«

Zu diesem Fazit kam die vom Senat der Deutschen Forschungsgemeinschaft berufene Kommission für Primatenforschung im Jahre 1970 und verband mit ihren Erkenntnissen die Hoffnung, daß sehr schnell die konkrete Planung und Gründung eines deutschen Primatenzentrums folgen möge. In einer umfangreichen Denkschrift legte sie dar, wie dringend und notwendig eine derartige Forschungsstätte sei, warum die Verwendung von nichtmenschlichen Primaten in der experimentellen biomedizinischen Forschung unverzichtbar sei. So seien diese beispielsweise die einzigen Versuchstiere, an denen sich ein Zyklus studieren ließe, der demjenigen der Frau entspricht. Deshalb könne für Versuche über den Hormonstoffwechsel, die Schwangerschaftsplanung und speziell die Wirkung von Ovulationshemmern auf Affen nicht verzichtet werden. Auch die Anti-Baby-Pillen, die heute im Handel sind, wurden an Affen entwickelt. Ob im Bereich der Krebsforschung oder der Herz- und Kreislaufkrankheiten, in der Neurophysiologie und Neuropharmakologie oder der Immunbiologie – die Bedeutung der Affen im Gesamtbereich der theoretischen und klinischen Medizin ist enorm.

Die Voraussetzungen für die Bearbeitung dieser Fragen mit Primaten als Versuchstiere waren in der Bundesrepublik bislang völlig ungenügend. Die Richtlinien für die Quarantäne importierter Affen machten es vielen Institutionen nahezu unmöglich, diese Tiere in Experimenten zu verwenden. Ohne die Schaffung angemessener Einrichtungen für biomedizinische Untersuchungen wäre die Bundesrepublik Gefahr gelaufen, auf wesentlichen Forschungsgebieten, deren Resultate vor allem der Erhaltung der menschlichen Gesundheit dienen, in einen gefährlichen Rückstand zu geraten. Fazit: Auf ein eigenes Primatenzentrum konnte die Bundesrepublik nicht länger verzichten.

Doch die Mühlen der Bürokratie mahlten auch in diesem Falle langsam. Jahre der Verhandlungen, Überlegungen, Finanzierungsgespräche zogen entscheidungslos ins Land. Das Bonner Forschungsministerium setzte der Obersten Finanzbehörde die Pistole auf die Brust: »Wenn etwa die Erforschung einer der weitverbreitetsten Volksseuchen, der infektiösen Hepatitis oder die Krebsforschung gefährdet sind, weil die notwendigen Primaten fehlen, wenn die Primaten auf privater Basis nicht mehr in der erforderlichen

Zahl eingeführt werden können, weil die Verteilung von Tieren aus den rasch schwindenden Freilandbeständen durch zwischenstaatliche Absprachen reglementiert wird, wenn private Stellen unter dem Versorgungsdruck zunehmend Tiermaterial illegal erwerben, das die Bedingungen einer sachgemäßen Quarantänisierung nicht erfüllt und deshalb zur ernsten Gefahr für Forschung und Forscher wird, ist die öffentliche Hand mehr denn je gehalten, sich der Sache anzunehmen.«

Sie tat es denn auch. Am 10. August 1977 wurde der Gesellschaftsvertrag über die ›Deutsches Primatenzentrum GmbH‹ unterzeichnet. Aufgabe der Gesellschaft ist es, naturwissenschaftliche und medizinische Forschung über und mit Primaten zu betreiben sowie Primaten für die Versorgung anderer Forschungsinstitute zu halten und zu züchten. Die Gesellschaft kann weitere Aufgaben auf verwandten Gebieten der naturwissenschaftlichen und medizinischen Forschung übernehmen, die im Zusammenhang mit ihren Arbeiten auf dem Gebiet der Primatenforschung stehen.

Anläßlich der Grundsteinlegung des DPZ im Mai 1979 auf dem Göttinger Universitätsgelände setzt sich der wissenschaftlich-technische Geschäftsführer, Professor Dr. Hans-Jürg Kuhn, mit den Gegnern dieser Einrichtung auseinander, die die Belange des Tierschutzes verletzt und die Primatenbestände in Freiheit durch dieses Zentrum noch mehr gefährdet sehen, außerdem Infektionskrankheiten befürchten und die Übertragbarkeit der an Primaten gewonnenen medizinischen Forschungsergebnisse auf den Menschen anzweifeln. Dazu Kuhn: »Jeder dieser Befürchtungen ist mit dem Primatenzentrum besser Sorge getragen als ohnedem. Die Zucht von Primaten wird freilebende Populationen im Sinne des Artenschutzes entlasten, sie wird im Sinne des Tierschutzes dazu führen, daß die einzelnen Tiere nicht mehr den Strapazen des Fanges, der Eingewöhnung, des Transportes und der Quarantänisierung ausgesetzt sind, und sie wird weiter dazu führen, daß im Sinne der Vermeidung von Infektionen Tiere gehalten werden, die frei von gewissen Krankheitserregern sind. Da gesunde Tiere mit bekannten Lebensdaten und später auch mit definierten genetischen Eigenschaften verwendet werden, wird sich ferner die Zahl der für ein Vorhaben erforderlichen Primaten vermindern lassen. Zu den Aufgaben des DPZ gehört schon heute die Mitarbeit bei der Ausarbeitung der Richtlinien für eine artgemäße Haltung nach dem Tierschutzgesetz, ferner die Beratung, für welche Projekte Primaten unumgänglich notwendig sind, und das Sammeln von biologischen

Daten, die für die Frage der Übertragbarkeit der Ergebnisse biomedizinischer Untersuchungen auf den Menschen relevant sein könnten.«

Mittlerweile geht das Primatenzentrum (Stand Mitte 1983) seiner Vollendung entgegen. Bereits im Sommer 1980 konnte das ›Haus am Freigehege‹ in Betrieb genommen werden, in das 80 Affen einzogen: 20 Mantelpaviane und 60 vom Aussterben bedrohte ›Liszt-Äffchen‹, die den Komponisten-Namen wegen ihrer genialen Tolle tragen, herkömmlich ›saguinus oedipus‹ heißen. Dem ersten Gebäude folgten im Jahre 1982 Teile des Hauptbaus, ein Jahr später Laboreinrichtungen und schließlich das Tierhaus. 600 Affen werden künftig das Primatenzentrum in Göttingen bevölkern, das mit jährlichen Kosten von etwa sieben Millionen Mark rechnen muß. Eine wichtige Investition in ein ›Affen-Unternehmen‹ des Bundes und der Länder, wie die Bedeutung der Primaten für Forschungszwecke aufgezeigt hat.

Quellenverzeichnis

›Höchster Porzellan‹, Höchster Porzellanmanufaktur GmbH, Frankfurt-Höchst
›Partner der Welt‹, Volkswagenwerk AG, Wolfsburg
›Tantris‹, Magazin für Gourmets 1/82, München
›Brenner's Park-Hotel Baden-Baden: Einhundert Jahre Tradition – Fortschritt‹, Klaus Fischer, 1972, Baden-Baden
›150 Jahre Köln-Düsseldorfer: Die Geschichte der Personenschifffahrt auf dem Rhein‹, Prof. Dr. Wilhelm Treue, 1976, Köln
›75 Jahre Bergauf‹, P. C. Ettighoffer, Königswinter
›Fürstenberg-Porzellan‹, Beatrix Freifrau von Wolff Metternich, Verlag Klinkhardt & Biermann, Braunschweig
›Vollblutgestüt Harzburg‹, Peter Schmanns
›Blühendes Wiesmoor‹, Wirtschaftsverlag NW GmbH, Wilhelmshaven-Bremerhaven
›Institut für Bienenkunde, Werdegang und Aufgabenbereich‹, Prof. Dr. Dr. Friedrich Ruttner, 1977
›Kellerei der BASF 1901–1976‹, Vorabdruck aus ›BASF information‹, 1976, Ludwigshafen
›Wiesbaden wunderbar‹, Alexander Bunsen Verlagsgesellschaft mbH, Frankfurt/Main, Ausgabe 1982
›Angewandte Informatik‹, 2/1982, Vieweg Verlag Braunschweig/ Wiesbaden